「3・11」震災法務 Q&A

東京弁護士会 法友会
東日本大震災復興支援特別委員会 [編]

三和書籍

発刊によせて

　2011年3月11日に東日本大震災が発生してから3カ月が経過しましたが、現在も、尚、多くの方々が困難な生活を強いられています。

　東日本大震災でお亡くなりになった方々には謹んで哀悼の意を表するとともに、被災された皆様には、心よりお見舞い申し上げます。

　2万人以上の死者、行方不明者を出し、東北地方の広範な地域を壊滅させるという未曾有の被害をもたらした今回の震災は、試練と呼ぶにはあまりにも過酷なものであり、私たち国民に深く大きな悲しみを与えました。

　更に、東京電力福島第一原子力発電所の事故による問題は、未だに収束せず、その被害は拡大しており、その全容も明らかになっておりません。この問題は、日本国内全体に重大な脅威を与えております。

　東京弁護士会は、多くの被害者の方々と共にこの苦難を克服してゆくことを決意し、他の弁護士会とも連携を取りながら、被災地現地や都内避難所での法律相談、被災者の方々に対する電話による法律相談などの取組みを行っています。

　法友会は、会員数約2500名で構成する東京弁護士会の最大会派であり、政策団体として、司法に関する政策的課題を検討し、また、弁護士業務改革等についても積極的な取組みを続けています。

　法友会では、東日本大震災復興支援特別委員会を立ち上げ、今回の震災に係る問題について、弁護士としての役割を果たすべく、それぞれのプロジェクトチームが活動しておりますが、本書はその一環として出版されたものです。

　今回の震災に起因する法律問題は、現在も多く生じていますが、今後も長期にわたり継続して発生することは明らかです。また、時期が経つにつれて、顕在化する問題は増えてゆき、その内容も多岐にわたることが予想されます。

　本書は、今回の震災に関する法律相談を受ける者のマニュアルとして、あるいは被災された方の手引の書として、その一助になるものと確信しております。

　今回の震災については、1日も早い復興を願うと共に、我々弁護士は、被災者への法的支援と被災された市民の方々の権利回復を図るべく、今後も積極的に活動してゆく所存です。

2011年6月

東京弁護士会会長

弁護士　竹之内　明

『「3・11」震災法務 Q&A』の発刊にあたって

　この度の東日本大震災において、被災された皆様には心よりお見舞い申し上げると共に、亡くなられた方々にはお悔やみを申し上げます。

　さて、この度、法友会・法友全期会から『「3・11」震災法務 Q&A』を発刊いたしました。2011 年 3 月 11 日に発生した東日本大震災は、我が国がこれまで経験したことのない甚大な被害をもたらし、さらに福島第一原子力発電所で発生した事故およびその後の放射能汚染の被害はますます拡大し、関係者の懸命の努力にも拘わらず収束の確実な目途は立っていない状況にあります。2 万人以上の方々がお亡くなりになり、またはいまだに行方不明の状態にあり、さらにそれをはるかに上回る方々が家やその他の財産を失い、依然として避難所での不自由な生活を強いられています。

　このような大災害に対して法曹界全体を挙げて復興支援に取り組んでいるところですが、東京弁護士会の最大会派である法友会・法友全期会も一丸となってこの復興活動に取り組むことを宣言し、日本弁護士連合会や東京三会復旧・復興本部、災害対策委員会等を通じて、被災地への弁護士派遣・後方支援を行うとともに、研修、法律相談、行政・立法提言、募金活動などを行っています。

　本書が震災・原発問題に関する法律相談のマニュアルとして多くの皆様に利用され、被災された方々が少しでも安心して暮らせる一助になることを心から祈念して発刊の辞とします。

2011 年 6 月

法友会幹事長
弁護士　小林　元治
同東日本大震災復興支援特別委員会委員長
弁護士　矢吹　公敏

はしがき

　2011年3月31日に発生した東日本大震災においては、震災による死者・行方不明者は2万人以上、建築物の全壊・半壊は合わせて17万戸以上にのぼり、東京電力福島第一原子力発電所の事故による被害も含めれば震災による被害額は16兆から25兆円にのぼるものと試算されており、今回の震災から3ヵ月が経とうとしていますが、今尚多くの方々が困難な生活を強いられています。今回の震災でお亡くなりになった方々には、この場をお借りして、謹んで哀悼の意を表するとともに、被災された方々には、心よりお見舞い申し上げます。

　私自身も今回の震災の約1ヵ月後に法律相談のために被災地へ行き、その被害のすさまじさにただただ絶句するとともに、この歴史的な大災害を生き抜き、被災者としての自らを励ましつつ、一生懸命に生活している人々の姿に深く胸を打たれ、このような大変困難な状況にある被災者のために我々弁護士は何ができるのかを改めて考えさせられました。

　法友会は、東京弁護士会内で会員数約2500名を擁する任意団体であり、法友全期会は法友会の会員のうち弁護士登録15年未満の会員（会員数約1400名）で構成される若手弁護士の会です。法友会と法友全期会は、平成23年度において東日本大震災復興支援特別委員会を創設して、日本弁護士連合会、東京三会等と連携しつつ、被災者に対する法律相談、後方支援、立法・行政に対する提言等を行っています。その中でも、被災者への法律相談においては、平時の法律相談とは異なる対応が要請されるとともに、特別な知識も必要となります。そこで、法友会東日本大震災復興支援特別委員会としては、これらの要請に応ずるように、本書においては、震災に関して考えうる法律問題についてQ＆A方式により、わかりやすさを念頭において作成させていただきました。被災地での法律相談だけではなく、被災地以外での被災者への法律相談や立法・行政等に対する提言等を行うに当って一助となれば幸いです。

　我々弁護士は、今回の震災については1日も早い復興を願うと共に、被災者への法的支援を図るべく、今後とも積極的、かつ、継続的に活動してゆく所存です。

　本書の出版に当たっては、少なからぬ弁護士より貴重な意見をいただき編集作業をさせていただきましたが、不十分な点があれば忌憚のないご意見をいただければ望外の幸いです。

多忙の中、短期間の納期の中で執筆を担当された執筆者全員、編集を担当された五島丈裕先生を中心とする編集者の全員に深く感謝するとともに、編集作業にお付き合いいただき、多大なご協力をいただいた三和書籍社長高橋考氏ならびに編集部部長の渡邊豊氏に改めてお礼を申し上げる次第です。

　2011年6月

東京弁護士会法友全期会代表幹事
弁護士　村林　俊行

目　次

発刊によせて
『「3・11」震災法務Q&A』の発刊にあたって
はしがき

第1章　不動産に関する問題

第1節　土地・境界に関する問題

- **Q01**　土地が消失した場合の所有者としての権利義務 ……………… 2
- **Q02**　境界標の流失と境界そのものの移動 ……………………………… 4
- **Q03**　自己所有土地上の漂着した物の処分 ……………………………… 7
- **Q04**　隣地が崩れてきそうなときの対処方法 …………………………… 9
- **Q05**　倒壊しそうな建物が隣地に存在する場合の対応 ………………… 11
- **Q06**　土地の権利証を紛失してしまった ………………………………… 14

第2節　建物に関する問題

- **Q07**　自己所有建物に被害が生じた場合の支援 ………………………… 16
- **Q08**　建物に被害を受けた場合に適用される税の減免措置 …………… 19
- **Q09**　新築建物売主に対する担保責任の追及の可否 …………………… 21
- **Q10**　倒壊した建物の住宅ローンと抵当権 ……………………………… 24
- **Q11**　売買契約と請負契約 ………………………………………………… 25

第3節　マンションに関する問題

- **Q12**　マンションの給水タンクの修繕手続き …………………………… 27
- **Q13**　専用部分の修繕手続き・共用部分との区別 ……………………… 29

第4節　借地に関する問題

- **Q14**　マンションの小規模滅失・大規模滅失 …………………………… 30
- **Q15**　マンションの再建手続き …………………………………………… 32
- **Q16**　マンションの建替え〜1 …………………………………………… 34

Q17	マンションの建替え～2	36
Q18	マンション住民が居住していない場合の議決方法	39

第4節　借地に関する問題

Q19	借地上建物の再築に対する地主の許可の要否	41
Q20	借地上の建物が滅失すると借地契約は終了するか	42
Q21	崩壊した借地上の建物の再築は必要か	43
Q22	借地上のがれきの地主の撤去義務	45

第5節　借家に関する問題

Q23	借家の全壊による賃貸借関係の終了	46
Q24	借家の一部滅失と家主の修繕義務	48
Q25	借家の修繕（家主の修繕義務と借家人の修繕請求権）	49
Q26	借家の大修繕と借家人の退去	51
Q27	借家の修繕と家賃の増額	52
Q28	立退請求と借家人による立退料の要求	53
Q29	借家の全壊と敷金の返還	54
Q30	避難地域指定と家賃の支払い	55
Q31	罹災都市借地借家臨時処理法とは何か	56

第2章　金融、ローン等支払、保険、税金等に関する問題

第1節　金融、ローン等支払に関する問題

Q01	家屋の滅失と住宅ローン	60
Q02	震災被害とクレジット契約	62
Q03	震災で収入の途がなくなり、消費者金融に返済できない	63
Q04	震災で収入の途がなくなり、奨学金を返済できない	65
Q05	避難所にいるのに自宅の電気、ガス料金を支払うべきか	66
Q06	収入が途絶えた被災者の国民健康保険料の支払い	68
Q07	中小事業者への支援	69

第2節　保険に関する問題

- **Q08** 建物の損壊と保険 ……………………………………… 72
- **Q09** 自動車の損壊と保険 …………………………………… 74
- **Q10** 船の損壊と保険 ………………………………………… 75
- **Q11** 災害による死亡と生命保険 …………………………… 77
- **Q12** 災害による負傷と傷害保険 …………………………… 79
- **Q13** 災害による保険証券の紛失 …………………………… 80

第3節　税金に関する問題

- **Q14** 被災者の納税 …………………………………………… 82

第3章　雇用、企業に関する問題

第1節　企業活動に関する問題

- **Q01** 株主総会開催時期の変更 ……………………………… 88
- **Q02** 株主総会開催場所の変更 ……………………………… 89
- **Q03** 債務整理を通じた事業の再建 ………………………… 90
- **Q04** 中小企業の事業再建のための支援 …………………… 92
- **Q05** 震災によるリース物件の毀損とリース料の支払い … 93
- **Q06** 震災による事業所の滅失と賃料 ……………………… 95

第2節　手形に関する問題

- **Q07** 震災と手形の呈示 ……………………………………… 98
- **Q08** 震災による資金繰り悪化と手形の決済 ……………… 99

第3節　労働に関する問題

- **Q09** 一時帰休中の給与・兼業の扱い ……………………… 101
- **Q10** 計画停電・節電による休業中の休業手当 …………… 104
- **Q11** 派遣労働者の解雇の可否 ……………………………… 107
- **Q12** 震災による休業と休業手当 …………………………… 109
- **Q13** 震災によるケガと給与の支払 ………………………… 111

Q14	仕事中の震災によるケガと労災	112
Q15	震災による解雇・雇止めと失業給付	114
Q16	震災による採用内定の取消し	116
Q17	避難地域内にある職場への出勤の義務	118
Q18	従業員の解雇・雇止め	121
Q19	震災による退職時の未払賃金	123

第4章 相続、財産管理、生活支援等に関する問題

第1節 相続、遺族.に対する給付、行方不明者の財産管理等に関する問題

Q01	相続人の順位と地位、内縁と相続	128
Q02	遺言の内容を調べる方法	130
Q03	相続放棄・限定承認と義援金・弔慰金の関係	131
Q04	兄弟姉妹の遺族に対する金銭援助	133
Q05	行方不明者の財産管理	134
Q06	行方不明者の相続	136
Q07	後見人の死亡または行方不明	138
Q08	被災者支援と死因の記載	139

第2節 生活援助に関する問題

Q09	各種の援助を受けようにも身分証明ができない	141
Q10	健康保険証がないと診察を受けられないか	146
Q11	震災被害に対する公的援助	149
Q12	各種援助制度を受けるまでの当座の生活資金	151
Q13	夫を亡くした妻が子どもを育てるために利用できる制度	156
Q14	県外の避難所での介護サービスの受給	159
Q15	義援金等を受領すると生活保護は受けられないか	162

第3節 避難所生活における問題

| Q16 | 避難所における心のケア | 164 |

Q17	避難所での女性の性被害・ドメスティックバイオレンス	166
Q18	避難所でもらったものに対する対価支払いの要否	167
Q19	子どもに対する援助	168
Q20	配慮が必要な方々に関する相談	169

第4節　その他の生活上の問題

Q21	避難中の公共料金の支払い	171
Q22	自宅付近のがれきの除去は自己責任か	172

第5章　原発事故に関する問題

Q01	避難指示と自宅への帰宅	178
Q02	原発事故による食品の出荷制限	179
Q03	原発事故による損害賠償の請求先	181
Q04	相当因果関係に基づく損害の賠償	183
Q05	震災による風評損害	187
Q06	農作物の出荷制限による損害	189
Q07	原子力損害に関連する売上げ減少や取引停止、健康被害	192
Q08	原発事故による損害賠償金の仮払い	194

執筆者一覧
あとがき

本書付属のCD-ROMは、「法令編」と「通達等資料編」のフォルダに分かれ、次のようなpdfデータが入っています。

≪法令編≫

- 「特定非常災害及びこれに対し適用すべき措置の指定に関する政令」の概要.pdf
- 災害の被害認定基準について.pdf
- 災害救助法.pdf
- 災害弔慰金の支給等に関する法律.pdf
- 災害弔慰金の支給等に関する法律施行令.pdf
- 災害被害者に対する租税の減免、徴収猶予等に関する法律（抄）.pdf
- 災害被害者に対する租税の減免、徴収猶予等に関する法律の施行に関する政令.pdf
- 浸水等による住宅被害の認定について.pdf
- 東日本大震災に対処するための土地改良法の特例に関する法律.pdf
- 東日本大震災に対処するための特別の財政援助及び助成に関する法律の厚生労働省関係規定の施行等に関する政令.pdf
- 特定非常災害の被害者の権利利益の保全等を図るための特別措置に関する法.pdf
- 特定非常災害の被害者の権利利益の保全等を図るための特別措置に関する法律（特定非常災害特別措置法）.pdf
- 被災区分所有建物の再建等に関する特別措置法.pdf
- 被災者生活再建支援法.pdf
- 被災者生活再建支援法施行規則.pdf
- 被災者生活再建支援法施行令.pdf
- 被災者生活再建支援法施行令の一部を改正する政令の施行について＜抜粋＞.pdf
- 平成23年東北地方太平洋沖地震に係る住家被害認定の調査方法.pdf
- 平成二十三年東北地方太平洋沖地震による災害についての特定非常災害及びこれに対し適用すべき措置の指定に関する政令.pdf
- 罹災都市借地借家臨時処理法.pdf

≪通達等資料編≫

◎第1章 生活に関する諸問題
- 罹災証明書・仙台市.pdf

◎第2章 住居に関する諸問題（生命保険）
- 生保協会のお知らせ.PDF

◎第3章 雇用・企業に関する諸問題
- 福島原子力発電所の影響を踏まえた「激甚災害法の雇用保険の特例措置」の取扱いについて.pdf
- 休業中の事業所でのボランティアについての雇用保険の特例給付における取扱について.pdf
- 中小企業に対するリースの支払猶予について.pdf
- 平成23年東北地方太平洋沖地震に伴う未払賃金の立替払事業の運営に当たって留意すべき事項について.pdf
- 東日本大震災に伴う未払賃金の立替払についてのQ＆A.pdf
- 福島原子力発電所の影響を踏まえた「雇用調整助成金」及び「激甚災害法の雇用保険の特例措置」の取扱いについて.pdf
- 計画停電が実施される場合の労働基準法第26条の取扱いについて.pdf
- 東日本大震災に伴う雇用保険失業給付の特例措置について.pdf
- 福島第一原子力発電所事故に係る警戒区域等における休業に関するQ＆A.pdf
- 平成23年東北地方太平洋沖地震に伴う未払賃金の立替払事業の運営について.pdf
- 平成23年東北地方太平洋沖地震に伴う雇用保険の特例措置に関するQ＆A.pdf
- 被災された事業主の方へ〜東北地方太平洋沖地震に伴う特例措置のご案内〜.pdf
- 平成23年東北地方太平洋沖地震に伴う未払賃金の立替払事業の周知について.pdf
- 従業員、失業された方、訓練を受講されている方へ〜東北地方太平洋沖地震に伴う特例措置のご案内〜.pdf
- 被災されて、仕事のことでお困りの方へ.pdf
- 東日本大震災に伴う労働基準法等に関するQ＆A（第3版）.pdf

◎第3章 雇用・企業に関する諸問題（計画停電）
- 計画停電が実施される場合の労働基準法第26条の取扱いについて.pdf

◎第4章 生活に関する諸問題 第3節 生活援助
- 10 H23.3.23 厚労省老健局介護保険計画課ほか　介護サービス利用料について.pdf
- 11 H23.3.24 厚労省老健局介護保険計画課ほか　介護サービス利用料について.pdf
- 12 H23.4.22 厚労省老健局介護保険計画課ほか　介護サービス利用料について.pdf
- 13 H23.5.16 厚労省老健局介護保険計画課長　介護サービス利用料免除.pdf
- 14 H23.5.16 厚労省老健局介護保険計画課ほか　介護サービス利用料等の取り扱いについて.pdf
- 15 H23.5.2 厚労省社会・援護局保護課長　生活保護取扱い（その3）.pdf
- その他

◎第4章 生活に関する諸問題（がれき処理等）
- 東日本大震災により被災した船舶の処理に関するガイドライン（暫定版）.pdf
- 東北地方太平洋沖地震における損壊家屋等の撤去等に関する指針.pdf
- 避難所等における介護保険サービス確保のための取り扱いについて.pdf

◎第5章 津波、原発に関する諸問題
- 仮払補償金お支払いのご案内.pdf
- 委任状（住民票取得用）.pdf
- 仮払補償金請求書.pdf
- 請求書記入見本.pdf
- 封筒.pdf

第 1 章

不動産に関する問題

第1節 土地・境界に関する問題

Q01 土地が消失した場合の所有者としての権利義務

> **震**災と津波によって、私が所有者として登記されている土地が使用不能となった場合、所有者としての権利義務はどのようになりますか。私は、使用できず、買い手もつかないような土地をいつまでも管理しなければならないのでしょうか。

> **A** 地震や津波により所有する土地が使用不能となったとしても、通常は、所有者としての権利義務に影響はありません。ただし、使用不能の状況により、所有権を維持するための対応が必要な場合があります。

1 土地所有権者の権利義務

(1) 土地の形状の変化と土地所有権

　土地の所有権は、当該土地を排他的に支配し、使用、収益または処分することができる権利であり、仮に、地震や津波により形状等に変動が生じたとしても、通常、そのことによって上記のような排他的支配権が失われるわけではありませんので、土地に対する所有権は消失しません。

(2) 土地の水没と土地所有権

　地震に伴う地盤低下により、所有土地が常時海面下に水没するような状況に至った場合、所有権が失われる可能性があります。

　登記実務に関する行政先例は、土地が天災等により海に没した場合であり、かつ、これが一時的なものであるときは、当該土地所有権は消滅しないものとしています。

判例も、傍論として、私人の土地が自然現象により海没したとしても、その土地について直ちには所有権の客体性を失うものではない旨を指摘しています（最判三小昭61・12・16民集40巻7号1236頁）。

なお、当該土地が海面下に没しているか否かの判断は、社会通念によらざるをえないところですが、上記最高裁判決は、海水表面が最高高潮面に達したときの水際線を基準としています。これに対し、登記実務に関する行政先例は、春分秋分における満潮位を標準としています。

このような場合に当該土地の所有権を維持したいのであれば、自己所有土地部分と他の海水面とを区分し場所的限界を設定するなどの対応をとる必要があるでしょう。

(3) 地積変更登記手続き

所有土地の一部が海面下に没するなどして当該部分につき所有権が消失したような場合には、地積が減少したものとして地積変更登記等の手続をとることが可能です。全部消失の場合は、滅失登記の申請をすることになります。

(4) 土地所有者の義務

これまでに述べたとおり、土地所有権は地震や津波によって、当然には消失せず存続しますから、土地の登記名義を有する以上、所有者としての義務もそのまま負担せざるをえません。

したがって、当該土地につき生じた危険を放置するなど土地の管理を怠ったことにより他人に損害を与えたような場合、その損害の賠償を求められるおそれがあります。

なお、上記のような危険が生じているときに、損害賠償請求等を回避するため、土地所有権を放棄することも考えられますが、このような目的での放棄は、権利の濫用となり許されないものと思われます。

2　固定資産税等の減免

土地の所有者として登記されている者に課せられる固定資産税や都市計画税については、従前より、地方税法上の減免措置があります（地方税法367条、702条の8第7項）。地震や津波により事実上使用不能となった土地については、減免の申請を検討すべきでしょう。

なお、税金の減免に関する取扱いについては、総務省より、各地方公共団体に対し、被災地域の納税義務者の状況等に配慮した対応を求める通知が発せら

れています（平成23年3月28日総務省総税企第36号通知）。

3 復興に向けた施策

　土地が事実上使用不能であるのに、土地所有者としての土地の管理義務を怠ってはならないという状況が継続することは、土地所有者にとって酷な状況です。

　この点については、今後の復興に向けた施策のひとつとして、現在、国による当該土地の買取りや借り上げなどが検討されています。

　なお、津波による塩害が発生した農用地については、塩害除去を土地改良法上の土地改良事業とし、その費用負担等を定める特例法が成立し、すでに施行されています（東日本大震災に対処するための土地改良法の特例に関する法律平成23年法律第43号）。

（廣畑　牧人）

Q02 境界標の流失と境界そのものの移動

隣地との境界杭が津波で流されてしまいました。隣地との境界について隣地と争いになりそうです。地震による地殻変動によりもともとあった境界自体が移動してしまった場合はどうでしょうか。

A 境界杭が流失しただけでは、土地の境界は失われません。境界に関する紛争の解決には、当事者間の協議、調停手続などを利用しましょう。境界そのものの移動については、移動を免れた箇所から測量し直す方法などが考えられます。

1 境界杭の流失と境界の法的意味

境界標としての境界杭は、本来であれば視認することのできない境界の位置を示す目印として設置されているものです。したがって、津波により境界杭が流失した場合であっても、そこに存在する境界そのものが失われてしまうわけではありません。

なお、通常、土地所有者にとっての「境界」は、自らの土地所有権の隣地との限界を指していることが多いと思われますが、「境界」は、法的には、個々の土地を区画する公法上の区分線をいうものとされ、私人の所有権相互の区分線とは異なります（通常は一致するといわれています）。

なお、上記の公法上の「境界」は、登記法において、一筆の土地として登記された土地の地図上の範囲を画する線として「筆界」と呼ばれています（不動産登記法123条1項）。また、筆界と区別する意味で、所有権の境としての「境界」のことを「所有権界」ということがあります。

2 境界標設置の必要性

境界標が流失し何らの目印もない状態をそのまま放置してしまうと、そのことで、後日、境界の位置をめぐり紛争が発生する可能性があります。

このような紛争を防止する意味でも、できるだけ早期に、新たに境界標を設置するのがよいでしょう。

ただし、境界標設置にあたっては、専門家による測量に基づいて、隣地所有者の承諾を得て進めるべきでしょう。これを欠いたまま単独で境界標を再設置すると、かえってトラブルの原因になりかねません。

境界標設置の費用は、隣地所有者と平等に折半するものとされ（民法223条）、また、測量費用は相互の土地の面積割合に応じ分担するものとされます（民法224条）。

3 境界紛争の解決手段

境界について隣地所有者との間で紛争となってしまった場合の解決方法としてまずなすべきは、当事者間での協議です。しかし、協議により解決ができない場合には、調停手続や訴訟手続の利用を考えざるをえません。そのほか、弁護士会や土地家屋調査士会が設置運営する裁判外紛争解決手続（ＡＤＲ）を利用するのも一方法です。

なお、ここでも紛争の対象が所有権の範囲なのか、公法上の境界なのかで、

解決方法が異なってきます。前者は、当事者間の協議による解決が許されますが、後者については、当事者間の合意では解決することができないものとされます。

公法上の境界の紛争の解決手段として近年、裁判外の制度として筆界特定制度が新設されています（不動産登記法123条以下）。いわゆる境界確定訴訟も、判例では、公法上の境界の紛争を対象とするものとされています。

4　地盤が変動し境界そのものがずれた場合

境界標が流失した場合であっても、地盤に変化がないのであれば、当該流失した境界標のあるべき位置を特定し、その復元（再設置）をすれば流失前との齟齬は生じないはずです。しかし、地震による地殻変動が生じた場合、本来の境界そのものが移動してしまうことがあります。

境界そのものにズレが生じてしまった場合については、移動を免れた境界標を基準に測量していく方法が考えられるところですが、測量費用等が膨大になりかねないこと、承諾を求めるべき関係者が多数にのぼることが考えられ、そのような場合、現実的な解決方法とはいえないでしょう。

地盤変動により地盤ごと移動してしまった境界標（現状）を基準として考えざるを得ない場合が多いと思われます。これによって土地の面積に影響が出てしまうような場合には、関係当事者間の協議等により、面積差を土地の一部売買により調整する方法もありうるところです。

5　阪神・淡路大震災の登記上の取扱い先例

なお、阪神・淡路大震災の際、登記上の取扱いとして、地震による地殻変動に伴い地表面が広範囲にわたり水平移動した場合、土地の筆界も相対的に移動したものとして取り扱う（ただし、崖崩れ等、局部的な地表面の土砂の移動の場合には、土地の筆界は移動しないものとして取り扱う）ものとする通達があります（平成7年3月29日付法務省民3第2589号民事局長回答）。

（廣畑　牧人）

Q03 | 自己所有土地上の漂着した物の処分

私の所有土地に津波により他人の建物、乗用車やがれきなどが流れ着き、津波が去ったあとも私の土地上に残ったままです。私がこれらを撤去処分してよいでしょうか。その費用は私が負担しなければならないのですか。

A 所有者が判別可能な場合は、撤去処分について慎重に対応する必要があります。撤去費用は、撤去者が負担せざるをえない場合が多いでしょうが、瓦礫等については、市町村に対し公費による処理を求めましょう。

1 津波による漂着物の処分

　自己の所有土地上に他人の所有物が残されている場合、この残置物の所有者の承諾なく、または、適正な手続を経ずして撤去し処分してしまうと、当該残置物の所有権の侵害となり、所有者から損害の賠償を要求される可能性があります。

　津波に流されたというだけで直ちに当該動産類の所有権が失われるわけではありませんから、津波による漂着物であっても、撤去・処分については上記と同様に、所有者との関係で慎重に対応しなければなりません。

2 所有者の確認と撤去等

(1) 津波による漂着物に対する対応

　津波による漂着物で、まず確認する必要があるのは、当該漂着物の所有者です。たとえば流されてきたのが建物である場合等、比較的所有者判別の手がかりがあるものや、自動車のように登録番号で所有名義人を調査できるものもあります。

　漂着物の所有者の調査をして、判明した所有者に対しては、漂着物の引取

り・処分を求め、所有者が応じない場合は、訴訟等の法的手続をとることになります。

(2) 所有者を特定することが不能なものへの対応

　所有者を特定することが不可能なもののうち、貴金属等の有価物や金庫については、遺失物として届け出る必要があります。

　位牌やアルバム等、客観的には経済的価値が乏しくても、個人にとっては金銭的価値にまさる価値のある動産類は、廃棄せず保管し、自治体に引き渡すことが望ましいでしょう。

　そのほか、がれきのように所有者が特定できず、かつ、上記のような何らかの価値を見出すことが困難な動産類については、事実上、土地所有者において撤去処分せざるをえません。

　もっとも、いかにがれきであっても、財産的価値の有無の判断は困難であることから、法律の原則論からは、所有者の承諾を受けるべきことになります。

　なお、漂着物の撤去等に関し、公的見解として家屋、自動車、船舶その他動産類の撤去等について「東北地方太平洋沖地震における倒壊家屋等の撤去等に関する指針」等が出されており、自動車について自治体が引き取り保管の上処理することなどが示されています。

(3) 紛争への備え

　土地上の漂着物の処理については、その所有者との関係で慎重な対応が必要ですが、津波による漂着物の場合、がれきやいったん水没した乗用車のように、津波等により破損するなどしてその経済的価値が失われていることが多いでしょう。

　このような場合、仮に、当該動産をやむなく撤去・処分してしまったとしても、損害賠償請求の要件のひとつである損害の発生が認められないものと評価される余地があります。

　ただし、撤去・処分する前に、写真等で当該動産類の状態を記録化しておくなどして、後日、仮に紛争となった場合に備えるべきです。

3　費用負担

　漂着物の撤去処分に費用を要するとき、土地所有者と漂着物所有者のいずれが負担するかが問題となりますが、津波による漂着物の場合、天災という不可抗力により生じた事態であるため、撤去処分費用を漂着物所有者に負担させる

ことは困難であるといわざるをえません。土地所有者において、負担せざるをえないでしょう。

なお、所有権に基づく妨害排除請求権を含むいわゆる物権的請求権がいかなる内容の権利であるのかには学説上争いがあります。

判例は、相手方に対し、その費用をもって物権に対する妨害等を除去等すべき行為請求権的な理解をしているとされますが、他方で、不可抗力による場合は、結論的には物権的請求権の行使を否定しているともいわれています。

4 自治体による処理

もっとも、津波による漂着物について、災害対策基本法64条に基づく市町村による撤去が可能であり、また、いわゆる災害廃棄物処理事業として、公費による処理がなされる余地があり、現に、被災地自治体においてそのような対応がとられています。

したがって、土地所有者としてまず検討すべきなのは、自治体による処理に委ねることです。

（廣畑　牧人）

Q04 隣地が崩れてきそうなときの対処方法

地震や津波による影響で、私の土地より高い位置にある隣地が崩れてきそうです。隣地所有者に対し予防措置を講ずるよう求めることはできますか。また、費用はどちらが負担するのでしょうか。

A 崩落の恐れが発生した原因が地震や津波のような自然力である場合、結論として、隣地所有者に対し予防措置を講ずるよう求める権利を認めることは困難でしょう。

1　妨害予防請求の可否

　自己所有物に対する侵害状態が発生するおそれのある場合には、所有権に基づき、その相手方に対し、予防措置を求めることが考えられます。

　隣地が崩れる恐れがある場合、自己所有土地に対する侵害状態発生のおそれがあるといえます。さらに、このような所有権に基づく妨害予防請求権（いわゆる物権的請求権の一種）は、相手方の故意・過失を問わないものとされており、低地所有者は、隣地である高地所有者に対し、崩落防止措置を講ずるよう求めることができそうです。

　しかし、本件のような崩落の危険が、地震や津波といった不可抗力による場合に妨害予防請求が可能か否かには学説上争いがあります。

　この点について、裁判例は、人為的作為によることなく侵害状態発生の危険が発生している場合について、結論として、妨害予防請求権を否定しています（東京高判昭58・3・17判タ497号117頁）、東京高判昭51・4・28判タ340号172頁）。

　このような裁判例の傾向からすると、本設例の場合に、隣地所有者に対し（その費用をもって）妨害の予防措置を講ずるよう権利として請求することは困難といわざるをえません。

2　費用負担

　妨害予防請求権が相手方に何を求める権利なのかについては学説上争いがあるところ、裁判例上は、自然力による侵害危険発生について、相手方の費用負担において妨害の予防措置を請求することはできないものとしています。

　また、裁判例は、妨害予防措置を講ずる費用は、相隣関係の規定を類推し、共同の負担とすべき旨述べています。

　したがって、本件についても、隣地所有者に対し、予防措置を講ずる費用の全額負担を求めることは困難ですが、共同の負担で行うことを求める余地はあるように思われます。土地崩落の危険が生じている隣地所有者としても、何らかの対応をとる必要性があるのが通常でしょう。予防工事の実施等については、両者協議し、合意のもとに行うべきことになります。

3　隣地所有者に主たる原因がある場合

隣地崩落について、対策を施さず、漫然と盛り土をしていたことに主たる原因があるなど隣地所有者の作為に基づく危険発生といえるような場合には、所有権に基づく妨害予防請求権の行使により、相手方に対し、相手方の費用をもって予防措置を講ずるよう求める余地はあるでしょう。

　いずれにしても、隣地崩落の危険が存在する以上、相手方との協議を求め、場合によっては裁判上の手続等を利用するなどして速やかに予防措置を講ずるよう相手方にも協議を求めて対応せざるをえないと思われます。

（廣畑　牧人）

Q05　倒壊しそうな建物が隣地に存在する場合の対応

> 隣の土地上の建物が津波の直撃を受けて倒壊しかかっており、このままですと周囲に損害を及ぼしそうですが、隣地所有者が行方不明で連絡がとれません。このまま放置せざるをえないのでしょうか。取り壊してはいけませんか。

A　状況によっては、隣地に立ち入り応急の措置をとることが許されるでしょうが、基本的には慎重に対応せざるをえません。まずもって、自治体の対応を求めるべきです。

1　隣地立ち入り等に関する問題点

(1)　刑事上の問題

　質問では、隣地上の建物が倒壊しかかって周囲に損害を及ぼしそうな状況下にあるため、隣地に立ち入るなどして何らかの対応をとる必要がありそうです。しかし、隣地への無断立ち入りは、場合によっては住居等侵入罪（刑法130条）が成立する可能性があります。

　また、倒壊しかかっている建物を緊急に取り壊した場合、建造物損壊罪（刑

法260条前段）または器物損壊罪（刑法261条）に該当する可能性があります。

(2) 民事上の問題

民事上の問題としても、他人の所有建物を破損するなどした場合、建物所有権の侵害であるとして損害賠償を請求される可能性があります。

なお、倒壊の危険のある建物について、倒壊を防止するため何らかの補強措置を施すことは、事務管理（民法697条以下）として可能と考えられます。この場合、管理者は本人に対し費用の償還等を求めることが可能ですが、他方で、管理の継続義務などの負担があります。

(3) 原則論

質問への法律的な回答は以上のとおりですので、事務管理としての対応をすることはともかくとして、隣地所有者ないし管理者の意向を確認しないまま隣地に立ち入り、建物を取り壊すべきではありません。

2 本件についての現実的対応

(1) 法律論の不都合性

しかし、事態が急を要し、かつ、所有者と連絡をとりたくとも取れない場合にまで上記原則どおりの対応を強いられるのでは危険を回避できない場合もありえます。

(2) 刑事責任について

質問では、隣地建物が倒壊しかかっており、周囲に危害を及ぼしかねない状況にありますから、このような危難を回避するため、建物を取り壊す等の対応をとることは、仮に、そのことにより当該建物を破壊する結果となっても、緊急避難（刑法37条1項本文）が成立し上記犯罪は不成立とされる余地があります。

ただし、緊急避難は危険を回避するために他に手段がないことや、避難行為により守られた利益と侵害された利益との均衡が求められるなど要件が厳格であり、倒壊の危険があるからといって軽々に隣地建物を破壊した場合過剰避難（刑法37条1項但書）にとどまり刑事責任を免れることができない可能性があります。

正当行為（刑法35条）が認められる要件も厳格であり、隣地家屋への対処については、当該家屋の状況等に照らし、その可否、内容について極めて慎重

に対応する必要があります。倒壊防止の応急措置をとった結果建物の一部を破損する結果となったような場合はともかく、建物全体の破壊・撤去が許容されるような状況は極めて限られるように思われます。

　他方、倒壊しかかっている建物に対応するため隣地に立ち入る行為は、管理権者の推定的な承諾があるか、または、正当行為であるということができるので、住居等侵入罪が問題となる場合であっても犯罪不成立となる余地が比較的大きいように思われます。

(3)　**民事責任について**

倒壊の危険のある建物を毀損した場合に問題となる損害賠償請求について、緊急避難として責任が免除される余地があります（民法720条2項）が、慎重な対応が必要なのは刑事責任の場合と同様です。

　また、事務管理として建物の補強等を行った結果として建物に損害を生じさせてしまう可能性がありますが、本設問のような場合、損害賠償責任を負担するのは、悪意または重過失がある場合に限られるでしょう（民法698条）。

(4)　**対応**

　隣地の建物が倒壊しそうな場合であっても、私人において何らかの対応をとる場合、上記のような責任を問われる危険性を十分認識の上、慎重に対応すべきでしょう。

　この点について、市町村であれば、場合によっては倒壊の危険ある建物を除去するなどの応急措置をとることが可能とされています（災害対策基本法64条）。

　したがって、隣地建物について私人の立場で対応に迷うよりは、まずは、自治体の対応を求めるのが適切です。

（廣畑　牧人）

Q06 土地の権利証を紛失してしまった

土地の権利証が津波に流され行方不明になってしまいました。権利証なしで土地を売ることは可能でしょうか。この権利証を拾っただれかが私の知らない間に登記名義を移転してしまわないでしょうか。

A 権利証を紛失しても、不動産の所有権等の権利は失われず、不動産の売却等ができなくなるわけではありません。不正な登記がされることを予防する方法として不正登記防止申出制度があります。

1　権利証の法律的な意味

　いわゆる権利証（登記済証・登記識別情報通知書）は、登記が完了した際、買主等の登記権利者に交付される書面であり、登記上の名義人がその後登記申請をするときに登記名義人本人からの申請であることを確認する資料として登記所に提出することとされているものです。手形のように権利行使に必要不可欠なものではありません。
　したがって、権利証を紛失したとしても、当該不動産の所有権等が失われるものではありません。
　なお、登記識別情報に基づく登記申請の場合、正確には通知書そのものではなく、登記識別情報を申請にあたり添付することになります。ここでは，登記識別情報自体をなくしている場合を前提とします。登記識別情報は、通知書上、目隠しシールで保護されており、これを剥がさず保管しているのが通常でしょう。

2　権利証がなくても登記申請は可能

　不動産を売却するような場合、本来であれば、登記申請をする際には権利証

を登記所に提出することが必要とされています。しかし、1で述べたとおり、権利証の提出が求められているのは、登記申請にあたり登記名義人本人による申請であることを確認するための資料のひとつにすぎません。

したがって、権利証が失われていた場合であっても、事前通知制度等（不動産登記法23条）の利用により、登記申請をすることは可能です。もっとも、その場合、特定の方法による郵便を用いた通知手続を経る必要があるなど権利証を紛失していない場合と比較し負担が大きくなることはやむをえません。

なお、権利証を紛失した場合であっても、権利証の再発行をしてもらうことはできません。

3 不正登記防止申出制度

登記申請にあたっては、権利証のほかにも所有者の印鑑証明書等の資料も必要です。したがって、第三者が津波に流された権利証を取得したとしても、これを利用して直ちに不正な登記をすることができるわけではありません。

また、不正な登記がなされることを予防する方法として不正登記防止申出制度があります（不動産登記事務取扱準則35条）。この申出をしますと、申出から3カ月以内に登記が申請された場合に当該登記申請がなされた旨通知されますので、不正登記を防止することが可能です。

なお、東日本大震災により避難した方については、避難した場所の最寄りの登記所に出頭して申出を行うことができるなどの特別措置が講じられています（平成23年4月14日法務省民二・民商第962号法務省民事局長通達）。

（廣畑　牧人）

第2節　建物に関する問題

Q07　自己所有建物に被害が生じた場合の支援

震災で自己所有建物に被害が生じました。公的支援を受けるための手続きと公的支援の内容を教えてください。

A　り災証明書の申請を行います。また、被害の程度に応じて、建物の建築、購入、補修のための支援・融資の制度が利用できる場合があります。

1　り災証明書

(1)　り災証明書

　り災証明書とは、自然災害などにより建物が破損した場合に、その被害の程度を「全壊」「大規模半壊」「半壊」「一部損壊」に区分して証明するものであり、行政や民間による各種の被災者支援措置の申請や保険金の請求などを行う際に必要となる書類です。

　建物が浸水した場合や土地の液状化などにより建物が傾いた場合も対象となります。

　り災証明書が発行されるのは、基本的に住居として使用している建物（以下「住家」といいます。）についてですが、事業用建物など住居以外に使用している建物についても発行される場合があります。

　被害程度の判定基準は、以下のとおりです。

区分	判定基準
全壊	居住のための基本的機能を喪失したもの。具体的には損壊部分の床面積が延床面積の70％以上、または住家全体に占める経済的被害の損害割合が50％以上に達した程度のものをいう。
大規模半壊	居住する住宅が半壊し、構造耐力上主要な部分の補修を含む大規模な補修を行わなければ当該住宅に居住することが困難なもの。具体的には損壊部分が延床面積の50％以上70％未満、または住家全体に占める経済的被害の損害割合が40％以上50％未満のものをいう。
半壊	住家がその居住のための基本的機能の一部を喪失したもの（住家の損壊が甚だしいが、補修すれば元どおりに再使用できる程度のもの）。具体的には損壊部分が延床面積の20％以上70％未満、または住家全体に占める経済的被害の損害割合が20％以上50％未満のものをいう。
一部損壊	上記にあてはまらない建物の損壊

(2) **申請手続**

り災証明書の申請は、被害を受けた建物がある市町村（火災の場合には消防署）に対して行います。申請をすると、建物の現地調査が行われ、その調査結果に基づいて被害程度の判定がなされることになりますが、今回の東日本大震災では、津波による被害が大きい地域内にある住家については個別の調査を行わずに一括して全壊と判定するなど判定手続の簡素化が図られています。

り災証明書の申請ができるのは、建物の所有者、管理者、賃借人などの占有者、担保権者等ですが、代理人による申請も可能です。代理人による申請の場合には委任状が必要となりますが、代理人が配偶者や同居の親族など一定の親族関係にある者の場合には委任状がなくても申請することができます。

(3) **申請にあたっての注意事項**

り災証明書の申請を行う前に建物の修繕等を行ってしまうと、り災証明書の交付が受けられなくなってしまう場合がありますので、建物に被害が生じている場合には、修繕等を行う前に申請をする必要があります。やむを得ず申請前に修繕等を行う必要が生じた場合には、損壊した建物の写真を撮っておくなどして必ず証拠を残すようにしてください。

なお、災害時に行われる建物調査には、り災証明書を発行するための調査のほかにも、余震等による二次災害の防止を目的として当面の使用の可否を判定する「応急危険度判定」や被災建築物の適切かつ速やかな復旧を目的として継続使用のための復旧の要否を判定する「被災度区分判定」がありますが、これらは各種支援等を受ける際に必要なり災証明書発行のための調査とは異なるた

め、注意が必要です。
(4) 被害程度の判定に不服がある場合
　建物被害の認定調査によって判定された被害程度に不服がある場合には、申請先に対して再調査を求めることができます。
　り災証明書によって証明される被害程度は、その後に受けられる各種支援等の内容に影響を及ぼしますので、不服がある場合には再調査の申請を行うとよいでしょう。
　なお、再調査の申請については、受付期間が制限されている場合がありますので、期間内に申請を行うよう注意してください。

2　被災者に対する支援・融資の制度

(1) 被災者生活再建支援法に基づく支援金の給付
　災害によって居住している住宅が全壊、大規模半壊または半壊の被害を受けたときは、被災者生活再建支援法に基づき、被害の程度に応じて一定額の支援金が支給されます（被災者生活再建支援法3条）。
(2) 災害にかかった住宅の応急修理
　災害のため住宅が半壊し、自らの資力では修理をすることができない者、または大規模な補修が必要な程度に住宅が半壊した者に対し、都道府県知事が一定の限度額の範囲内において、居室、台所、トイレ等日常生活に必要最小限度の部分の応急修理を現物給付の方法で行います（災害救助法23条1項6号）。
(3) 自治体による融資制度
　市町村は、災害により住居について当該住居の価格の概ね3分の1以上の被害を受け、かつ所得金額が一定の基準額に満たない者に対して災害援護資金の貸付けをすることができることとなっています（災害弔慰金の支給等に関する法律10条、同法施行令6条）。
　このように被災地の自治体では、自宅に被害を受けた被災者向けに低利、長期間などの条件で融資をしたり、金融機関からの融資に関して利子の支払いの補助を行ったりすることがあります。
(4) 住宅金融支援機構による融資
　住宅金融支援機構では、災害により住宅が滅失した場合に滅失した住宅に代わる新たな建物を建築もしくは購入するための資金、あるいは災害により住宅が損傷した場合の補修のための資金の貸付を行う制度があります（独立行政法

人住宅金融支援機構法 13 条 1 項 5 号)。

(5) 金融機関による融資

住宅金融支援機構以外の金融機関においても、被災者に対し、低利で返済期間を長期とするなど被災者に有利な条件で住宅資金の融資をすることがあります。

(大山　雄健)

Q08　建物に被害を受けた場合に適用される税の減免措置

震災による建物の倒壊を理由とした所得税等の減免措置はありますか。また、倒壊した建物の固定資産税の納税通知書が届きましたが、支払わなければなりませんか。

A　「災害被害者に対する租税の減免、徴収猶予等に関する法律」による減免措置や所得税法による雑損控除が受けられます。固定資産税についても地方税法および条例に基づく減免措置があります。

1　所得税について

(1)　減免措置

災害により住宅また家財について甚大な被害(自己または一定の親族が所有する住宅または家財につき、保険金等により補てんされた金額を除いた損害金額がその住宅または家財の価格の2分の1以上となる被害)を受けた人は、被害を受けた年分の合計所得金額(所得税法22条に規定する総所得金額、退職所得金額及び山林所得金額)に応じて当該年分の所得税の額(延滞税、利子税、過少申告加算税、無申告加算税及び重加算税の額を除く。)が次の区分により軽減しまたは免除されます(災害被害者に対する租税の減免、徴収猶予等

に関する法律2条)。

合計所得金額	免除される所得税
500万円以下	全部
500万円を超え750万円以下	2分の1
750万円を超え1000万円以下	4分の1
1000万円超	免除されない

(2) **雑損控除**

　居住者または生計を一にする一定の親族の所有する資産（ただし、生活に通常必要でない資産および被災事業用資産は除かれます。）に災害による損失（災害に関連して要した支出を含みます。）が生じたときは、当該損失の額に応じて一定の金額を雑損控除としてその年分の合計所得金額から控除することが認められます（所得税法72条）。

　この雑損控除は3年間の繰越が認められており、損失額が合計所得金額を上回る場合には、控除しきれない分を翌年以降3年間は繰越して控除をすることが認められます（所得税法71条）。もっとも、東日本大震災によって生じた損失については、特例により平成22年分の所得税にかかる雑損控除の対象とすることができるようになったほか、繰越期間が5年間に延長されています（東日本大震災の被災者等に係る国税関係法律の臨時特例に関する法律4条、5条）。

(3) **(1)の減免措置と(2)の雑損控除の関係**

　(1)と(2)の両方の適用を受けることはできません。

　それぞれの制度は要件、効果が異なっているため、どちらの適用を受けるかは各自の合計所得金額等を考慮して選択する必要があります。

2　贈与税・相続税について

　贈与税または相続税の納税義務者が贈与等を受けた財産について災害により甚大な被害（課税価格の計算の基礎となった財産の価額のうち被害を受けた部分の価額の占める割合が10分の1以上となる被害）を受けた場合、申告書の提出期限の前後に従い、次のとおり税の減免を受けることができます。

(1) **申告書の提出期限前に甚大な被害を受けた場合**

　課税対象となる財産の価格の計算において、被害を受けた部分の価額（保険

金等により補てんされた金額を除きます。）が控除されます。この減免措置を受ける場合は、申告の際に、減免措置を受ける旨、被害の状況及び被害を受けた部分の価額を記載しなければなりません（災害被害者に対する租税の減免、徴収猶予等に関する法律6条、同法の施行に関する政令12条）。

(2) **申告期限後に甚大な被害を受けた場合**

　被害にあった日以後に納付すべき相続税また贈与税のうち、被害を受けた部分の価額（保険金等により補てんされた金額を除きます。）に相当する部分の税額が免除されます。この減免措置を受ける場合は、災害のやんだ日から2カ月以内に、減免措置を受ける旨、被害の状況及び被害を受けた部分の価額を記載した申請書を納税地の所轄税務署長に提出しなければなりません。（災害被害者に対する租税の減免、徴収猶予等に関する法律4条、同法の施行に関する政令11条）

3　固定資産税について

　固定資産税についても、地方税法367条による減免措置があり、各市町村の条例に定めるところにより、建物の損壊の程度等に応じた減免がなされる場合があります。

　なお、東日本大震災では、総務省から各自治体に対し、第2章第3節Q14で述べるような通知が発せられています（82頁）。

（大山　雄健）

Q09　新築建物売主に対する担保責任の追及の可否

> **新**築の建物を購入したところ、震災により、周辺の建物は倒壊していないのに自分の建物だけが倒壊しました。売主に対して責任を追及することはできますか。

A 引渡しを受けたあなたの家に、購入以前から欠陥があったような場合には、売主に対して、瑕疵担保責任や不法行為責任を追及できる場合があります。

1 売主に対する責任追及の可否

　引渡しを受けたあなたの家に元々欠陥があったような場合には、売主に対し、瑕疵担保責任や不法行為責任を追及する余地があるといえます。もっとも、今回のような大震災の場合、欠陥（瑕疵）がない、不可抗力である等と判断されて、責任追及が認められない場合もあります。

2 欠陥（瑕疵）の存否の判断

　耐震性に関する瑕疵の存否に関する裁判例（仙台地判平4・4・8判時1446号98頁）は、宅地に耐震性の点から瑕疵があるかどうかの判断にあたっては、「従来発生した地震の回数、頻度、規模、程度のほか、時代ごとに法令上要求される地上地下構築物の所在場所、地質、地形、強度等の諸要素を考慮し」て判断すべきである、としています。

　この裁判例では、震度5（当時の震度階級）程度の地震に対する安全性の有無を基準として判断するのが相当とされていますが、上記基準に照らすと、どの程度の耐震性を有することが必要かは、被災した地域ごとに異なる可能性があります。

　また、請負契約に関する判例（最判平15・10・10判時1840号18頁）は、建物の耐震性を高め、耐震性の面でより安全性の高い建物にするために構造計算上求められる鉄骨より太い鉄骨を使用することを約していたにもかかわらず、その寸法に満たない鉄骨を使用して建物を建築した場合には、構造計算上、居住用建物としての安全性に問題がないとしても、当該約定の鉄骨を使用することが契約の重要な内容になっていたとして、請負工事には瑕疵があるものというべきである旨、判示しています。

3 瑕疵担保責任の内容および責任を追及できる期間

　売買契約において瑕疵担保責任が認められる場合、買主は、売主に対して、

①損害賠償の請求と、②契約の目的が達成できないほどの重大な瑕疵がある場合には契約の解除をすることができます。なお、損害賠償の範囲は、一般に、転売利益等のいわゆる履行利益は含まれず、売買契約にかかった費用等のいわゆる信頼利益の範囲に限られると解されています。

瑕疵担保責任については、買主がその瑕疵の存在を知った時から1年の除斥期間内に権利行使する必要があります（民法570条、566条3項）。また、引渡しから10年（商行為の場合は5年）で消滅時効が完成してしまう（民法167条1項、商法522条）ので、この点にも注意が必要です。

4 住宅の品質確保の促進等に関する法律および特定住宅瑕疵担保責任の履行の確保等に関する法律

住宅の品質確保の促進等に関する法律（以下「品確法」といいます。）により、平成12年4月1日以降の新築住宅（品確法2条2項に定義されます。）の売買契約においては、売主は、買主に引き渡した時（当該新築住宅が住宅新築請負契約に基づき請負人から当該売主に引き渡されたものである場合にあっては、その引渡しの時）から10年間、住宅のうち構造耐力上主要な部分または雨水の浸入を防止する部分として政令で定めるものの隠れた瑕疵について、瑕疵担保責任を追及することができるとされています（品確法95条1項）。なお、買主がその瑕疵の存在を知った時から1年の除斥期間内に権利行使する必要があることは、上記と同様です（同法95条3項）。また、品確法の適用がある部分については、損害賠償や解除のほか、瑕疵修補請求も認められています（同法95条1項）。

さらに、特定住宅瑕疵担保責任の履行の確保等に関する法律（以下「住宅瑕疵担保履行法」といいます。）に基づき、新築住宅を供給する建設業者（住宅瑕疵担保履行法2条2項に定義されます。）および宅地建物取引業者（同条3項に定義されます。）には、品確法に定める10年間の瑕疵担保責任の履行を確保するため、保証金の供託又は保険加入のいずれかの資力確保措置が義務付けられています。

なお、上記資力確保措置は、2009（平成21）年10月1日以降に引渡しを行った新築住宅が対象となっています。

5 不法行為責任の内容および同責任を追及できる期間

売主の故意または過失により、建物に瑕疵が生じた場合には、買主は売主に対し、不法行為責任を追及することができると解されます（民法709条）。損害賠償の範囲は、履行利益の範囲まで請求できると解されています。

　不法行為による損害賠償の請求権は、被害者が損害および加害者を知ったときから3年で消滅時効が完成し、また、不法行為のときから20年が経過したときも、上記請求を行うことができないこととなります（除斥期間）。

（内海　雄介）

Q10 倒壊した建物の住宅ローンと抵当権

> **震**災により倒壊した建物の住宅ローンは支払わなければなりませんか。また、倒壊した建物に設定していた抵当権はどうなりますか。

> **A** 法律上、当然に住宅ローンの支払い義務が免除されることはありません。支払時期の猶予や、金利の減免等については、金融機関に個別に相談する必要があります。倒壊した建物に設定していた抵当権は消滅することになります。

1　住宅ローンについて

　建物が倒壊したとしても、法律上、当然に住宅ローンの支払い義務が免除されることはありません。
　もっとも、金融機関によっては、住宅ローンの支払時期の猶予や、金利の減免等について相談に応じている場合もあると解されますので、各金融機関に個別に相談する必要があります。

2　抵当権について

建物が倒壊した場合、当該建物に設定していた抵当権は消滅することになります。もっとも、金融機関から追加担保を求められる場合があり、住宅ローンの契約上、追加担保が義務付けられている場合もありますので、契約をよく確認していただく必要があります。

（内海　雄介）

Q11　売買契約と請負契約

建物の売買契約後、震災により引渡前に建物が倒壊してしまいました。支払済みの手付金、売買代金はどうなりますか。建物建築の請負契約を発注後、震災により建築途中の建物が未完成のまま倒壊しました。建築会社に請負代金を支払わなければなりませんか。

A　建物の売買契約の場合、震災等債務者の責めに帰することができない事由によって建物が滅失したとしても、買主は、原則として手付金の返還を受けることができず、また、残売買代金の支払いを行わなければなりません。売買契約において、特約が定められている場合も多いため、売買契約をよく確認する必要があります。
　建物建築の請負契約の場合、震災により建物が未完成のまま倒壊したときは、注文者は、建築会社が改めて工事を行って建物を完成させるまでは、請負代金を支払う必要はありません。もっとも、請負契約において、特約が定められている場合も多いため、請負契約をよく確認する必要があります。

1　建物の売買契約の場合

　特定物の売買契約においては、売主の責めに帰することができない事由によって建物が滅失したとしても、買主は、その反対債務である代金支払債務を

免れることができません（民法534条1項。債権者主義）。

したがって、本件においても、震災という債務者の責めに帰することができない事由によって建物が滅失したとしても買主の売買代金支払い債務は免れませんので、買主は、原則として手付金の返還を受けることができず、また、残売買代金の支払いを行わなければならないことになります。

もっとも、民法の債権者主義の規定は、売買契約上修正され、「売主の責めに帰することができない事由によって建物が滅失した場合には、売主は売買代金支払債務を免れる」旨の特約が定められている場合も多いですので、売買契約の危険負担の定めをよく確認する必要があります。

2　建物建築の請負契約の場合

請負契約は、仕事の完成と報酬の支払いとが対価関係に立っています。そのため、仕事が完成しなければ、請負人は報酬を請求することができません（民法632条、633条）。

したがって、本件においても、建築会社は、建物を完成して初めて報酬を請求することができますので、震災により建物が未完成のまま倒壊した場合、注文者は、建築会社が改めて工事を行い、建物を完成させるまでは請負代金を支払う必要はありません。

もっとも、請負契約において、特約が定められている場合も多いため、請負契約をよく確認する必要があります。

（内海　雄介）

第3節　マンションに関する問題

Q12　マンションの給水タンクの修繕手続き

Q マンション屋上に設置されていた給水用の貯水タンクに不具合が生じて困っています。修理に向けて今後どのような手続をとればよいのでしょうか。

A 管理組合総会を招集し、普通決議を経た上で、貯水タンクの修繕工事を実施することになります。

1　共用部分の修繕の要件

　給水用の貯水タンクはマンションの共用部分であり、その修繕が共用部分の変更（区分所有法17条）に該当すれば、区分所有者および議決権の各4分の3以上の特別決議により実施されることになります。

　これに対し、その修繕が共用部分の管理行為（同法18条第1項本文）に該当すれば、普通決議（区分所有者および議決権の各過半数）により実施されることになります。

2　共用部分の変更

　区分所有法17条の共用部分の変更とは、共用部分の形状又は効用の著しい変更を伴うものをいい、その程度にまで至らない使用・修繕・改良等は、同法18条の管理行為として扱われます。

(1)　共用部分の形状の著しい変更

　共用部分の形状の著しい変更とは、共用部分の外観、構造等を著しく変更する行為をいい、例えば、集会室・管理室等の共用部分の増築、エレベーターの

増築など外観形状を大きく変化させる工事であったり、既存階段室をエレベーターに改造するなど、壁・柱・床のコンクリート部分等の建物の基本構造部を大規模にわたって加工する工事がこれに該当します。

(2) 共用部分の効用の著しい変更

共用部分の効用の著しい変更とは、共用部分の機能や用途を変更する工事をいい、例えば、不要となった機械室を集会所に変更する工事などがこれに該当します。

(3) 本件の場合

貯水タンクの修繕については、①外観、構造等を著しく変更するものではなく、②機能や用途を変更するものでもないことから、区分所有法17条の共用部分の変更ではなく、同法18条第1項本文の管理行為として扱われることになります。

そうすると、貯水タンクの修繕は、理事長に臨時集会を招集してもらうなどして、マンションの区分所有者および議決権の過半数の賛成を経た上で、実施されることとなります（区分所有者が集会に参加できない場合や、集会を開催することができない場合の対応については、本節Q 18（39頁）参照）。

なお、貯水タンクを含め給排水設備の修繕について、理事会の決定にしたがう旨の特別の規約が存在すれば（同法18条2項）、理事会の決定により修繕を実施することができます。

3 保存行為

貯水タンクの修繕が保存行為（同法18条1項但書）といえれば、区分所有者の1人が単独ですることができます。

保存行為とは、特別に緊急性を要し、かつ月々の管理費で賄える範囲内での比較的軽度の現状維持を図る行為とされます。

月々の管理費で賄える範囲を超える工事がなされる場合などには、保存行為とはいえない場合も多く、その場合には、区分所有者の1人が単独ですることはできません。

（高野　文幸）

Q13 専用部分の修繕手続き・共用部分との区別

地震とこれに続く津波で、マンションのベランダが壊れてしまいました。余震も収まってきたので、ベランダの修理をしたいのですが、どのような手続をとれば良いでしょうか。

A ベランダは共用部分にあたります。その修繕は、壊れ方にもよりますが、原則として、管理組合総会の普通決議が必要となります。

1 専有部分の修理と共用部分の修理の違い

マンションで私たちがふだん生活している居室である区分所有権の対象となる部分を専有部分といいます。この専有部分の修理については、各区分所有者が自らの負担で、自ら行うことが可能です。但し、マンションの規約・使用細則で届出・承認が定められている場合には、この手続を経ないで行うと規約・使用細則違反となります。

これに対し、階段や廊下、ゴミ置き場、集会室、配管などの共用部分の修繕は、管理組合総会の普通決議を経て行われるのが原則です（区分所有法18条1項、但し、保存行為であれば各区分所有者が単独で行うことが可能です。なお、マンションの規約で別段の定めをすることも可能です。）。この場合、その修繕費用は各区分所有者が持分に応じて負担することとなります（同法19条）。

このように、修理・修繕すべき部分が専有部分か共用部分かでとるべき手続が大きく異なりますが、そのいずれであるか判断に迷う場合もあります。

2 専有部分と共用部分

専有部分とは、一棟の建物に構造上区分された数個の部分で、独立して住居・店舗・事務所または倉庫等の用途に供されている部分です。構造上の独立性と利用上の独立性から判断されます。

共用部分とは、①専有部分以外の建物の部分（建物の躯体部分や屋上、外壁、階段、廊下、共通の玄関、玄関ロビー、ルーフテラス等）、②専有部分に属しない建物の附属物（エレベーター、電気、ガス、上下水道等の配管・配線設備、防犯・防火設備、冷暖房設備、貯水槽）、③専有部分となり得る建物の部分（集会室、ゲストルーム、予備室）および附属の建物（別棟の資材倉庫や集会場）で規約により共用部分と定められた部分をいいます。

3　マンションのベランダ

マンションのベランダは、建物の主要構造部分の一部であることおよび緊急時の避難路として使われることから、一般に共用部分と考えられています（各区分所有者がベランダを使用できるのは、各区分所有者に専用使用権が認められているためです。）。

また、マンションの壁のうち、構造を支える外壁や耐力壁が共用部分であることは間違いありません。問題はそれ以外の部分、特に専有部分間の境界を為している壁（区画部分）をどのように考えるかです。争いありますが、中身の部分（壁心）は共用部分、表面部分は専有部分と考えられています。その他、窓・窓枠も共用部分とされます。

以上のように、区分所有権の対象となる専有部分である各居室内でも共用部分とされる場所があるので、修繕には注意が必要です。

（小野　智史）

Q14　マンションの小規模滅失・大規模滅失

地震とこれに続く津波により、マンションの一部が滅失してしまいました。元の状態に戻すための復旧工事をしたいのですが、どのような手続をとればよいのでしょうか。

> **A** 建物の価格の2分の1以下の滅失の場合（小規模滅失）には総会の普通決議で足りるのに対し、2分の1を超える滅失の場合（大規模滅失）には特別多数決議が必要となります。

1　マンションの「滅失」とは何か

マンションの「滅失」とは、建物の全部または一部が確定的に効用を喪失している状態のこと、すなわち、建物としての通常の使用に耐えない状態をいいます。滅失には、物理的な滅失のみならず、社会通念上、建物の使用上の効用が喪失している場合も含みます。

なお、全部滅失した場合で、新たに建物を建築する場合は、再建の問題となります（詳しくは、本節Q15（32頁）参照）。

2　小規模滅失

建物の価格の2分の1以下の滅失を小規模滅失といいます。小規模滅失の場合には、集会の普通決議によって復旧工事を行うことが可能です（区分所有法61条3項）。復旧工事の費用は、各区分所有者が共用部分の持分割合に応じて負担します。

復旧または建替えの決議が為されない場合には、各区分所有者が単独で復旧工事を行うことが可能です（同条1項）。この場合、工事をした区分所有者は、工事代金を他の区分所有者に、共用部分の持分割合に応じて請求できます（同条2項）。

なお、工事によってマンションを滅失前の状態と異なった状態にすると共用部分の変更と扱われる可能性があります（共用部分の変更については、本節Q12（27頁）参照）。

3　大規模滅失

建物の価格の2分の1を超える滅失を大規模滅失といいます。大規模滅失の復旧工事には、集会の特別多数決議が必要です（同条5項）。

決議に賛成しなかった区分所有者は、決議のあった日から2週間を経過した後で、建物およびその敷地に関する権利を時価で買い取るよう請求できます

(買取請求権、同条7項)。その際、請求の相手方は請求者が任意に決められます。もっとも、決議に賛成した者は、全員で合意して買取指定者(買取請求を受ける者)を決めることができます。そして、買取指定者が決議から2週間以内に指定があったことを通知すると、買取指定者以外に買取請求できなくなります(同61条8項)。

　買取請求権は、当事者間の合意を必要とする一般の売買契約とは異なって、一方的な意思表示によって権利関係が設定される形成権といわれるものです。したがって、決議に賛成しなかった区分所有者が他の区分所有者に請求すると売買契約が成立します。売買の金額は時価とされます。

4　小規模か大規模かの判断方法

　マンションの滅失が小規模か大規模かのいずれであるかは、建物滅失時を基準として、滅失前の状態における区分所有建物全体の価格と滅失後の状態における価格を比較して、滅失後の価格が、滅失前の価格の2分の1以上であるかで判断します。具体的なケースでは区別が困難なこともあります。

　この点、日本不動産鑑定士協会が簡易の判定マニュアルを作成しています。これは、本鑑定によらずに大規模か小規模か判断しようというものであり、判断の参考となります。

(小野　智史)

Q15　マンションの再建手続き

> **地**震とこれに続く津波により、マンション全体が倒壊してしまいました。マンションを再建してもう一度マンションに住みたいのですが、どのような手続をとればよいのでしょうか。

> **A** 被災区分所有建物の再建等に関する特別措置法（いわゆる「被災マンション法」）の適用があれば、敷地共有者の議決権の５分の４以上の多数決議によって、マンションを再建することができます。

1 被災マンション法

　マンションの全体が倒壊してしまったということは、区分所有関係が消滅してしまい敷地の共有関係が残るだけとなります。
　この場合、民法の共有の規定（民法249条以下）が適用され、敷地共有者の全員の同意がないと、マンションの再建ができないことになります（民法251条）。
　しかし、敷地共有者の全員の同意が要求されると、マンションの再建は非常に困難となってしまいます。そこで、阪神淡路大震災を契機として、被災により全壊したマンションの再建をより容易に行えるようにするため、被災区分所有建物の再建等に関する特別措置法（以下「被災マンション法」といいます。）が制定されました。

2 被災マンション法による再建

　被災マンション法が適用されるのは、政令で指定する大規模災害による場合に限られます（被災マンション法第２条１項。なお、2011（平成23）年６月１日現在、東日本大震災について政令による指定はなされていません。今後の政令による指定については、官報あるいは法務省のホームページを参照してください。）。
　政令で指定する大規模災害によりマンションが全壊したのであれば、以下の手続によって、マンションの再建をすることができます。
　マンションの全壊の場合には、マンションの管理組合は消滅しており、敷地共有者が再建のための集会を開催して、決議をすることになります。
(1) まず、敷地共有持分の価格の５分の１以上を有する敷地共有者等が、集会の１週間前までに、マンションの再建の集会を招集します（同法２条、同４条、区分所有法第35条１項本文）。

(2) 再建の決議は、集会において、敷地共有者の議決権の5分の4以上の多数で行います（同法第3条第1項）。

(3) 再建の決議は、再建するか否かだけではなく、再建されるマンションの設計の概要、その費用の概算額、費用の分担、再建されるマンションの区分所有の帰属などの事項とともに行う必要があります（同法3条2項）。

(4) この決議によるマンションの再建を実行できるようにするため、再建に参加しない敷地共有者に対し、敷地利用権を時価で売り渡すように請求することができます（同法3条6項、区分所有法第63条4項）。

なお、マンション再建の決議は、被災マンション法によれば、災害を指定する政令施行の日から3年以内にしなければなりません（同法3条5項）。

（高野　文幸）

Q16　マンションの建替え〜1

地震によって、マンションのいたるところに大きな亀裂が入っています。築年数も相当経過していて、次に大きな地震が来たときに建物が崩壊する可能性が高いと思われます。マンション全体を建て替えたいのですが、どのようすればよいでしょうか。

A 管理組合総会で、区分所有者および議決権の各5分の4以上の多数決が必要です。

1　マンションの建替え

マンションの建替えとは、現にあるマンションをいったん取り壊し、新たなマンションを建てることです。管理組合総会を開催して、区分所有者および議決権の各5分の4以上の多数決が必要です（区分所有法62条1項）。

2　マンションの建替え手続き

(1)　集会の通知
　建替え決議を目的とする集会の通知は、集会開催日より少なくとも2カ月前に発しなければなりません（同条4項）。招集通知には決議案の要領、建替えを必要とする理由、建替えをしないで復旧等をする場合の費用の見込額等を記載します（同条5項）。

(2)　説明会の開催
　集会の1カ月前までに説明会を開催する必要があります（同条6項）。

(3)　決議要件
　集会で建替えを決議するには、区分所有者および議決権の各5分の4以上の多数決が必要です。集会では、①再築建物の設計の概要、②建物の取壊しの費用と再築建物の建築費用の概算額、③取壊しおよび再建の費用の分担を決める方法等を決定しなければなりません。

3　決議ができない場合

　建替えか復旧かを巡って対立が生じ、いずれの決議もできない場合もあります。こうした場合に備えて、大規模滅失の日から6カ月以内に復旧決議も建替え決議もされないときは、各区分所有者は、他の区分所有者に対し、区分所有権・敷地利用権を時価で買い取るよう請求できます（同法61条12項）。

　なお、この6カ月の期間は、政令で指定する大災害によって大規模滅失が起こった場合には、政令指定の日から1年に延長されます（被災区分所有建物の再建等に関する特別措置法2条1項）。

4　売渡し請求権

　建替え決議自体が成立しても、その後の建替え実行手続（マンションの取壊しや新たなマンションの建設）に反対者がいたのでは結局手続きは進められません。そこで、区分所有法は、建替えに賛成した者から賛成しなかった者に対する売渡請求権を規定し、最終的には、全ての権利を建替えに賛成する者だけに集中させることにしています（同法63条4項）。

5　決議後の建替えの実行方法

決議後の建替えの実行方法として、①自主再建方式、②全部譲渡方式、③マンションの建替えの円滑化に関する法律（以下「マンション建替え法」といいます。）による建替え、があります。

　①自主再建方式とは、建替え参加者が主体となって建設会社等と契約し、被災マンションを取り壊し、新しいマンションを建てるという方法です。

　②全部譲渡方式とは、デベロッパー（開発分譲業者）が建替え参加者が所有している区分所有権・敷地所有権をいったん全て譲り受け、建物の取壊しと新たにマンションを建設し、改めて建替え参加者に新築マンションを分譲するものです。

　③マンション建替え法による建替えは、建替え決議後に「マンション建替組合」を設立、この組合が建設会社にマンション建設を発注し、マンションが完成したらその引渡しを受けるというものです。マンション建替法による建替えでは都市再開発のように権利変換が行われます。

　マンション建替え法は平成14年に制定され、同法による建替えは権利変換などのメリットがありますが、手続が複雑というデメリットもあり、従来の手法（自主再建方式、全部譲渡方式）での建替え手続を行うことも可能です。

（小野　智史）

Q17　マンションの建替え〜2

Q 16の質問の続きです。結局、マンション全体を建替えることになりました。ただ、我が家の部分には住宅ローンの抵当権が設定されています。マンションを建替えるには抵当権者の同意が必要になるのではないでしょうか。ちなみにローンはまだ相当残っていて、今すぐ一括で支払うことはできません。

A マンションの建替えにはその区分所有権等の抵当権者の同意が必要です。しかし、その同意の取得や完済による抹消は、実際には容易ではありません。この点、マンション建替円滑化法では、「権利変換計画」に従った建替え前マンションの区分所有権等の上の抵当権の建替え後マンションへの移行や、抵当権者の同意が得られない場合にも一定の場合には権利変換計画の認可を受けることができること等が定められており、これらの制度によって抵当権者の同意の取得に伴う困難を回避することができます。

1　マンション建替円滑化法

　マンションの区分所有権等に抵当権が設定されている場合、そのマンションの取壊しは担保物の滅失となり抵当権者の利害に重大な影響を及ぼしますから、その同意を得る必要があります。しかし、債務が残っている状態で抵当権者が登記の抹消に応じることは、実際には期待できません。また、原因債務を完済して抵当権を消滅させることも、（たとえ繰り上げ弁済が可能であるとしても）残債が大きい場合には容易ではありません。

　この点、マンションの建替えの円滑化等に関する法律（平成14年6月19日法律第78号、以下「円滑化法」といいます）は、この抵当権者の同意の取得について、よりハードルの低い方法を提供しています。すなわち、同法に基づく建替えの場合、①マンション建替組合が定める「権利変換計画」によって区分所有権等の抵当権者に対し、建替後のマンション上に同等の権利を与えることができます。また、②権利変換計画について抵当権者の同意を得られない場合でも、正当な理由があり、かつ損害をあたえないための措置を講じることにより、権利変換計画の認可を受けることができる場合があります。これらの制度により、抵当権者の同意の取得に伴う困難を回避し、建替え事業を進めることができます。

2　権利変換計画と抵当権者の同意

(1)　権利変換計画における抵当権者の権利

　マンション建替円滑化法に基づく建替えの場合、まず、マンション建替組合

が、「権利変換計画」を定め、組合総会の決定を経て、都道府県知事の認可を受けます（円滑化法57条1項、2項）。

　権利変換計画は、従前の権利を建替え後のマンションにどのように移行するかを決定するものです。すなわち、建替え前マンションの区分所有権等について、権利変換計画で、対応する建替え後のマンションの区分所有権等が定められます（円滑化法60条1項、2項）。従前の区分所有権等上の抵当権についても、この権利変換計画において、その目的となっている区分所有権等に対応して与えられる建替後マンションの区分所有権等の上に存在するものと定められます（円滑化法61条1項）。

(2)　権利変換計画に対する抵当権者の同意

　権利変換計画について認可を受けるためには、抵当権者等、マンションまたはその敷地について権利を有する者の同意を得なければなりません（円滑化法57条2項）。ただし、同意を得られないときでも、同意を得られないことについて正当な理由があり、かつ同意を得られない者の権利に関し損害を与えないようにするための措置※を講じ、その措置が適切なものであれば、認可を受けられる場合があります（円滑化法65条1項3号）。

　※例）①建替前後の担保目的物の差額分について清算金を供託する、②建替え事業の頓挫に対応する措置を講じる（事業が頓挫した時に事業協力者が損害賠償責任を負うことを約する、建築工事について履行保証保険を付保する、施行者の賠償責任を補償する保険機能を付保する等）（国土交通省平成20年3月31日付国住マ第43号「マンションの建替えの円滑化等に関する法律第57第3項及び第65条の規程の運用について（技術的助言）」）。

(3)　権利変換期日

　権利変換計画に定めた権利変換期日以後は、従前のマンションの抵当権は、（建替えマンションが完成していなくても）建替え後の区分所有権等の上に存在するものと認められることになります（円滑化法73条）。

（久保　友子）

Q18 マンション住民が居住していない場合の議決方法

地震とこれに続く津波により、マンションに多数の不具合が生じています。総会決議により修繕工事などを実施したいと思うのですが、区分所有者は日本全国に避難しており、一同に会することができません。どうすればよいですか。

A 集会に参加できない住民は、書面または代理人による議決権の行使や、書面に代わる電磁的方法による議決権の行使ができます。集会そのものの開催が困難な場合には、書面または電磁的方法による決議などの方法があります。

1　集会を開催する場合

集会を開催して決議をするには、区分所有法にいう管理者である理事長等によって、集会の会日より少なくとも1週間前までに、各区分所有者に通知しなければなりません（区分所有法35条1項）。そのうえで、各区分所有者が集会に参加して、通知された事項について決議をすることとなります。

しかし、集会の開催場所から遠隔の地に避難している区分所有者は、集会の通知を受けても、集会に参加することは容易ではありません。

このような区分所有者には、書面または代理人による議決権の行使が認められています（同法39条2項）。書面による議決権の行使に代えて電磁的方法（電子メールの送信やウェブサイトへの書き込みの利用、フロッピーディスクやCD-ROM等の交付による方法など）によることも可能です（同条3項）。

2　集会の開催が困難な場合

区分所有者が日本各地に散在するため、集会そのものを開催するのが困難である場合には、あらかじめ区分所有者全員の承諾を得たうえで、集会を開催しないで書面または電磁的方法による決議を行うことも可能です（同法45条1

項)。

　一定の事項について、区分所有者の全員の書面または電磁的方法による合意が得られれば、書面または電磁的方法による決議があったものとみなされます（同法45条2項）。

3　区分所有者の所在がわからない場合

　1と**2**の決議の方法は、区分所有者のもとに連絡できた場合に初めて意味を持つものです。

　集会開催の連絡、すなわち招集の通知は極めて重要ですが、この点について法律はどのように規定しているのでしょうか。

　同法第35条3項によれば、通知を受ける場所の指定がなされていない場合には、区分所有者の専用部分の所在する場所にあてて通知すれば足りるとされており、現実に区分所有者が通知の存在を認識しなくても、招集の通知が適法になされたことになります（招集の通知をマンションのポストに入れれば、それで足りることになります。）。

　しかし、被災によってマンションに誰もいないことが明らかな場合であっても、単にそこに通知しさえすれば足りるというのは、はなはだ疑問であるといわざるを得ません。

　できるだけ区分所有者全員の所在を確認するように努め、どうしても所在を確認することができず、やむを得ない場合に限り、同法35条3項の規定により通知したとして、決議をすべきものと考えます。

（高野　文幸）

第4節　借地に関する問題

Q19　借地上建物の再築に対する地主の許可の要否

津によって借地上の建物が全壊してしまいました。地主一家は津波で行方不明です。地主の許可を得ないと建物を再築することはできませんか。

A　建物の再築に地主の許可は必要ありません。

1　借地借家法7条

借地借家法7条は、借地権の存続期間が満了する前に建物の滅失があった場合には、地主の許可なく建物の再築が可能であることを前提として、借地権の残存期間を超えて建物が築造された場合に、その存続期間の延長についての地主の承諾の効果等を定めた規定です。

従って、借地上の建物が滅失した場合は、地主の許可なく建物を再築することができます。

2　「増改築禁止特約」と「再築禁止特約」

もし、借地上の建物について、「増改築」や「再築」を禁止する特約等が地主と借地人の間にあったとしても、それにより建物の再築は禁止されません。なぜなら、上記のとおり借地借家法7条は、地主の許可なく建物の再築が可能であることを前提とした規定であり、これに反する特約で借地人に不利なものは無効だからです（同法9条）。

3　旧法との適用関係

　借地借家法の施行（平成4年8月1日）より前に設定された借地権については、借地借家法7条ではなく、借地法7条が適用されます（借地借家法附則7条）。ただし、上記に関する限り、借地借家法か借地法かで結論が変わるものではありません。

（栗原　渉）

Q20　借地上の建物が滅失すると借地契約は終了するか

> **借**地にあった建物が津波で全壊してしまいました。借地契約は終了するのでしょうか？借地契約は解約できますか。

> **A**　建物が全壊しても借地契約は終了しません。解約が可能なのは、①地主と合意解約が成立した場合、②借地契約に解約条項がある場合です。それら以外の場合にも解約の可能性はあります。

1　建物の滅失と借地契約の終了の関係

　建物が全壊しても、借地権は消滅しません。そのことは、借地借家法7条が、建物が滅失した場合の建物の再築を前提としていることからも明らかです。

2　借地人からの解約の申し入れについて

　建物が全壊した以上、借地人としては借地契約を解約し借地料の支払から逃れたいと希望する場合も少なくないと思います。

　そこで、借地人が解約を申し入れることで、借地契約を終了することができるかどうかが問題となります。まず、①地主と合意解約が成立した場合に、借家契約が終了するのは当然です。また、②借地契約には、解約条項が入ってい

る場合が多いと思われますので、その条項によって解約申し入れをすることも考えられます。

問題は、地主の同意が得られず、解約条項もない場合です。法律上解約が認められるとする明文の根拠はありませんが、本件震災のような特別な事情がある場合に、一切解約を認めないというのは酷であるように思われます。実際、借地人に建物を再築する資力がないような場合に、「事情変更」による借地人からの一方的解約を認める余地があるとの見解があります（半田吉信「震災と借地借家人の保護」民商法雑誌112巻4・5号117頁）。

3　旧法との適用関係

借地借家法の施行（平成4年8月1日）より前に設定された借地権については、借地借家法7条ではなく、借地法7条が適用されます（借地借家法附則7条）。ただし、上記に関する限り、借地借家法か借地法かで結論が変わるものではありません。

(栗原　渉)

Q21　崩壊した借地上の建物の再築は必要か

借 地上に所有していた建物が津波で全壊してしまいました。建物は再築しなければなりませんか。

A 借地上の建物の再築は借地人の義務ではありませんが、対抗要件が失われないようにするためには、建物を特定するために必要な事項を掲示しておくとともに、滅失から2年を経過する前に建物を築造し、登記することが必要です。

1　借地権の対抗要件

借地権の対抗要件は、その登記をすることで具備することができますが（地上権について民法 177 条、賃借権について民法 605 条）、少なくとも賃借権に関する限りは、貸主に登記に応じる義務がないこともあり、その旨の登記が行われないことが通常です。

　そこで、借地借家法 10 条 1 項は、借地権の登記がなくても、土地の上に借地権者が登記されている建物を所有するときは、第三者に対抗することができる旨を定めています。よって、建物が滅失した場合には、対抗要件が失われるのではないか、問題となります。

2　建物滅失の場合の明認方法による対抗

　建物滅失の場合に備え、借地借家法 10 条 2 項は、「建物の滅失があっても、借地権者が、その建物を特定するために必要な事項、その滅失があった日及び建物を新たに築造する旨を土地の上の見やすい場所に掲示するとき」は、借地権を第三者に対抗できる旨定めています。よって、建物が滅失した場合には、対抗要件を失わないよう、この掲示（明認方法）を備えて置くことが必要です。

　また、この掲示の効力は建物の滅失から 2 年間に限られますので、その前に建物を築造し、建物に登記を備えておくことが必要となります（借地借家法 10 条 2 項但書）。

　なお、平成 23 年 5 月 31 日時点ではまだ適用がありませんが、「罹災都市借地借家臨時処理法」が適用されるに至った場合には、登記がなく、また明認方法がない場合でも、建物の滅失から 5 年以内は対抗要件を有することになると考えられます（同法 10 条）。

3　旧法との適用関係

　旧借地法の適用はありません。

（栗原　渉）

Q22 借地上のがれきの地主の撤去義務

私は、自己所有地を他人に貸していますが、この土地に津波で流されてきた建物のがれきや壊れたトラックがあります。これらの撤去は、地主である私の義務なのでしょうか。

A 原則として、借地人に対する地主の義務として撤去義務が含まれると考えられますが、民有地であっても市町村が撤去作業を行っていますから、市町村に確認してください。

1 賃貸人の撤去義務

　賃貸人は、賃貸借契約に基づく本来的義務として、賃借人に賃貸物を使用・収益させる義務を負い、その使用・収益が妨害されていればそれを排除する義務を負います（民法601条、606条1項）。従って、津波で借地上に資材・がれき等が流れ着き、借地の利用が妨げられている場合には、地主がそれを撤去する義務を負うものと考えられます（借地契約の内容によっては、異なる可能性があります。）。

2 市町村による撤去

　法律的には、資材等が他人の所有物である限りは、その他人に対し撤去を求めることが原則になりますが、所有者が分からない場合にはその方法を取ろうにも取りようがありません。民法上の事務管理（民法697条）として、地主自ら撤去を行うことは可能と考えられますが、撤去の際は、善管注意義務を果たすことが求められ、費用も立て替えることが必要となります。まして今回の地震・津波は未曾有のものであり、現実問題として、地主に、がれき等の撤去を期待するのは困難であり、酷でもあります。

　今回の震災にあたり、各自治体は、民有地についても、がれき等の撤去を自治体が主導して行う旨表明しています（仙台市・釜石市等）。従って、お住ま

いの市町村の対応を確認し、それに従ってください。

3 賃借人の契約解除等

以上のとおり、市町村ががれき等の撤去をしてくれるとしても、地主が借地人に対して使用・収益をさせる義務を免れる訳ではありません。がれき等が借地上に残存し、それによって借地人の使用収益が妨げられるときは、借地人は民法611条によって賃料の減額請求、または契約の解除を請求することができると考えられます。

地主自ら撤去を行う際は、環境省が平成23年3月に発表している「東北地方太平湯沖地震における損壊家屋等の撤去等に関する指針」が参考になります（本書付属CD-ROM参照）。

（栗原　渉）

第5節　借家に関する問題

Q23　借家の全壊による賃貸借関係の終了

震災と津波借家が全壊しました。賃貸借関係は終了しますか。

A　借家が全壊して滅失した場合には、賃貸借関係は当然に終了します。

1　借家の滅失と賃貸借関係

家主は、借家人に対し賃貸借契約に基づき借家を使用収益させる義務を負い

ますが（民法601条）、賃貸借契約の目的物である借家が滅失した場合は、賃貸借契約の目的が達成できなくなるので、賃貸借契約は当然に終了します（最判昭32・12・3民集11巻13号2018頁）。賃貸借契約が終了すると、一方で借家人は借家権を失いますが、賃料の支払義務も消滅することになります。他方で、家主は、借家人から賃料の支払を受けることができなくなり、敷金の返還義務、有益費の償還義務（民法608条2項）が生じるほか、建物の修繕義務（民法606条1項）も負わなくなります。

2 「滅失」の意味

　この「滅失」とは、どのような場合をいうのでしょうか。今回の東日本大震災で適用される被災者生活再建支援制度においては、「全壊」や「半壊」の概念は内閣府令で指定されていますが（本章第2節Q07（16頁）参照）、民法における「滅失」は、一概には決めることはできません。たとえば、ある判例は、朽廃（「朽廃」とは建物が自然に朽ちはてることをいい、天変地異による「滅失」と同じ意味です。）の有無は、その修繕に要する費用額の大きさを斟酌しながら、その朽廃の程度が賃貸借の趣旨が達成されない程度に達したか否かによって判断するとしています（最判昭42・6・22民集21巻6号1468頁）。結局のところ、借家が滅失したかどうかは、建物の損傷の程度（建物の損傷が賃貸借の趣旨が達成されない程度に達したか否か）と経済的観点（建物の修繕に多額の費用を要するか否か）の双方から、社会通念に従って解するほかありません。

　上記昭和42年の判例のケースは、2階部分は屋根および北側の土壁がほとんど全部焼失し、柱や天井の梁等は半焼し、階下部分は北側の土壁の大半が損傷したほかは概ね被害を免れているものの、そのままの状態では風雨をしのぐこともできず、倒壊の危険もあり、さらに完全修復には多額の費用を要するというものですが、最高裁判所は、当該建物は滅失したと認定しました。このような判例を考慮するならば、今回の東日本大震災においては、建物が滅失したと認定される例が多いと思われます。津波で借家が流された場合はなおさらです。

　なお、罹災都市借地借家臨時処理法の適用がある場合には、本節Q31（56頁）で述べるような特例が認められます。

（稲村　晃伸）

Q24 借家の一部滅失と家主の修繕義務

震災と津波で借家の壁が壊れて生活に支障をきたしています。しかし、家主は修理してくれません。家賃は全額支払わなければならないでしょうか。

A 借家の一部が借家人の過失によらずに滅失した場合には、その滅失した割合に応じて家賃の減額を請求することができます。

1 家主の修繕義務と借家人の賃料支払義務

　賃貸人には、賃貸物の使用収益に必要な修繕をする義務があります（民法606条1項）。したがって、震災や津波で借家が損壊した場合（以下、民法611条1項の文言に合わせて「一部滅失」といいます。）でも、借家が滅失（本章第2節Q07（16頁）参照）していない以上、家主の修繕義務は存続します。そこで、家主が借家の修理を迅速かつ借家人の希望どおりに実施すれば、借家人は家賃を従来のように支払わなければなりませんし、それで特に問題は生じないでしょう。しかし、今回の東日本大震災のように、借家の修理を迅速に行うことができないような場合には、賃料を減額するという問題が顕在化することになります。

2 賃借人の賃料減額請求権

　借家の一部が借家人の過失によらずに滅失した場合には、その滅失した割合に応じて家賃の減額を請求することができます（民法611条1項）。賃料は、借家において賃貸借の目的である建物の使用収益の対価です（民法601条）。そこで、家主が自己の過失によらずに借家の一部について借家人に使用収益させることができなくなったときには、反対給付である借家人の賃料支払義務も、その使用収益できない割合に応じて当然に消滅するのが、危険負担の債務

者主義の原則（同536条1項）の帰結ですが、民法611条1項は、賃借人からの減額請求を必要とするとした点で、危険負担の例外を定めたものと解されています。したがって、借家人としては、この賃料減額請求権を行使する必要があります。

　もっとも、家主が賃料全額の支払いを請求してきた場合、借家人が減額相当部分について、賃料の支払を拒むことはできるという判例があります（大判大5・5・22民録22巻1011頁）。

3　話し合いにおる解決の必要性

　なお、今回の東日本大震災のような場合には、借家人だけでなく、家主も被害を受けていることが多いわけですから、将来における円満な借家関係を維持するためには、まず借家人と家主の間で真摯な話し合いを行うことが肝要です。

（稲村　晃伸）

Q25　借家の修繕（家主の修繕義務と借家人の修繕請求権）

借家人は家主に対し修理を要求することができますか。借家人がすべて修繕するという特約がある場合はどうですか。
　借家人である私が業者に依頼して修理することはできますか。その場合、修理費用を家主に請求できますか。

A　必要な修繕であれば、借家人は家主に対し修理を要求することはできます。建物を使用収益するのに必要な範囲であれば、借家人が修理をすることは可能です。

1　家主の修繕義務

第4節　借地に関する問題

家主には借家の修繕義務があります（民法606条1項）。修繕義務は、①必要な修繕であり、②修繕が可能である場合に生じると解されています。①の必要な修繕とは、賃貸借契約で定まった目的に従って使用収益できる状態にする修繕のことをいい、損傷の程度や賃借人の被る不利益等を総合衡量してその有無を判断します。

また、今回のような大震災の場合にも家主に修繕義務が認められるというのが判例の立場です。したがって、借家人は、家主に対し必要な修繕を要求することができることになります。

2　借家人の修繕特約

借家人がすべて修繕するという特約がある場合ですが、このような特約は、借家人に積極的な修繕義務を課すものではなく、家主の修繕義務を免除するという意味の特約であると解されており、そのような特約は有効です。

もっとも、このような特約も、当事者が予想できる程度の破損に関する特約であって、誰も予想できなかったような天災による大破損の修理までは含まれないという判例があります（大判昭15・3・6新聞4551号12頁）。このような判例からすれば、今回の東日本大震災の場合、借家人がすべて修繕するという特約があっても、借家人は借家の修繕を家主に要求できると考えられます。

3　借家人の修繕する権利

家主が修繕義務を履行しないとき、借家人みずからが修繕をすることができるかが問題となります。

借家自体は、家主の所有物ですから、借家人が当然に他人の所有物である借家を修繕できるわけではありません。

しかし、多くの見解は、借家人が必要な修繕を行った場合、支出した費用は、民法608条1項の必要費にあたると解しています。

なお、借家人は、本来は家主が行うべき修繕を家主のために行っているのですから、「他人のために事務の管理を始めた」という要件を満たし、事務管理（民法697条）として借家を修繕できるという考え方もあります。この場合、借家人は、修繕費用を家主に対して民法702条1項により償還することができます。

いずれにせよ、借家人は家主に対し、支出した修繕費用を請求することがで

きます。

(稲村　晃伸)

Q26 借家の大修繕と借家人の退去

震災と津波で借家が一部損壊してしまいましたが、家主は、修理には多額の費用がかかるから、建物を取り壊した方がよいと言って、退去を求めてきました。住もうと思えば住める状態なのに、私たち家族は、出て行かなければならないのでしょうか。

A 建物の損傷がひどく大修繕が必要な場合には、借家人は退去しなければならないことが多いと思われます。

1　家屋の一部損壊と借家人の退去

　借家の一部が損壊しても滅失したとはいえない場合には、借家関係は存続します。しかし、借家の損傷程度によっては、家主が借家関係を終了させたいと考えることがあります。その場合、借家期間の定めがあるときは、家主としては、その期間が満了する際、期間の満了の1年前から6か月前までに更新を拒絶する必要がありますが（借地借家法26条）、更新拒絶が認められるためには、正当事由が必要です（借地借家法28条）。
　また、借家期間の定めのない場合には、解約申し入れをすることができますが、その場合にも正当事由が必要です。結局、借家人が退去しなければならないかどうかは、正当事由が認められるかどうかによって決まります。

2　正当事由

　正当事由が認められるかは、損傷の程度や修繕の費用、建物の耐用年数等、家主側の事情と借家人側の被る不利益を比較衡量してケースバイケースの判断

をすることになりますが、一般に天災によって借家が損壊した場合、借家の取り壊しを理由とする明渡請求に正当事由があると認める判例が多いようです。

したがって、具体的事案にもよりますが、借家人としては退去しなければならない場合が多いと考えるべきでしょう。

(稲村　晃伸)

Q27 借家の修繕と家賃の増額

震 震災で借家が全壊したので、家主が建物を修繕しました。家主は修繕を理由に家賃の増額を請求できますか。

A 家賃の増額は請求できるという考え方と請求できないという考え方がありますから、家主と借家人の間でよく話し合って解決するのがよいと思います。

1　家主の修繕義務

借家関係では、家主に修繕義務がありますから（民法606条1項）、修繕費がかかったというだけでは、原則として家賃を増額する理由にならないのが原則です。

2　家賃増額を認める考え方

今回の東日本大震災のような全く予想できない不可抗力で修繕が必要となった場合には、その修繕費をある程度家賃に転嫁することができるという考え方があります。結局、建物の損傷の程度、修繕に要した費用の多寡、修繕によって借家人が教授する利益の程度等を総合的に判断することになりますが、難しい問題です。弁護士を含めた専門家の意見を聞きながら、当事者間でしっかりと話し合うことが必要です。

（稲村　晃伸）

Q28　立退請求と借家人による立退料の要求

震災で借家の一部が損壊しました。家主は借家人に対し立ち退くように請求したところ、借家人から立退料を要求されました。支払う必要がありますか。

A　立退料を支払わなければならない場合が多いと思われます。

1　借家の一部損壊と立退料

借家が滅失したときは、賃貸借契約は当然に終了しますから、家主が明渡しを求める際に、立退料を支払う必要はありません。これに対し、借家の一部が損壊した場合には、借家関係は存続しますから、家主が明渡しを求めるには、正当事由が必要です。そして、立退料は、一般に正当事由を補完するものと言われています。

2　借家の損壊と正当事由

東日本大震災によって借家が損壊したというだけで正当事由があると判断されるでしょうか。一般には借家の倒壊だけでは、正当事由があるとはいえません。そうすると、家主としては、明渡しを求める際に立退料を払うことになります。

立退料の額は、正当事由の有無と関連して決定されますから、建物の損壊の程度、建替費用の額、借家人が被る不利益等を総合的に考量して判断することになります。

（稲村　晃伸）

Q29 借家の全壊と敷金の返還

> 震災で借家が全壊しました。敷金の返還を請求できますか。また、震災のときは返還しないという特約があった場合はどうですか。

A 借家人は敷金の返還を請求することができます。震災のときは返還しないという特約があった場合でも、そのような特約は無効と解されています。

1 敷金の意味

　敷金とは、建物の賃貸借契約に際し、賃借人の賃料債務その他の債務を担保する目的で賃借人が賃貸人に対し交付する金員で、契約終了の際、賃借人の債務不履行があればその額を減額して賃借人に返還されるものをいいます。震災で借家が滅失した場合には、賃貸借契約は終了しますから、敷金は、借家人の債務不履行（たとえば賃料の滞納）の額を控除して残額が借家人に返還されることになります。

2 敷金を返還しない特約

　ところが、震災のときには敷金は返還しないという特約を当事者間で締結することがあります。たしかに当事者が真に合意していれば、このような特約も有効といえます。しかし、事実上借家人が契約条項を飲まされる借家契約においては、少なくとも不可抗力による場合も返還しないという部分については無効と解する見解が多いようです。

　したがって、今回の東日本大震災の場合、このような特約があっても、借家人は敷金の返還を請求することができると思われます。

（稲村　晃伸）

Q30 避難地域指定と家賃の支払い

借 家のある地域が計画的避難区域に指定されました。退去しなければならないのに、家賃は支払わなければならないのですか。緊急時避難準備区域の場合はどうですか。

A 計画的避難区域に指定された場合には、家賃は支払う必要はありません。緊急時避難準備区域の場合には、借家人の賃料支払義務は存続します。

1 不可抗力による借家関係の終了

家主、借家人のいずれの責任でもない事由によって、借家の使用収益が不可能となった場合には、借家関係は終了しますから、借家人は賃料を支払う必要はなくなると解されています。

2 借家人の賃料支払義務

東日本大震災において特徴的な出来事は、一定の地域が、原子力発電所の事故によって計画的避難区域や緊急時避難準備区域が指定されたことです（原子力災害対策特別措置法20条3項）。

(1) **計画的避難区域**

上記区域内の居住者等は、原則としておおむね1カ月程度の間に順次同区域外へ立ち退くよう指示されています。したがって、この区域内にある借家は、たとえ滅失していなくても、事実上借家人は使用することができません。しかも、その原因は、原子力発電所の事故という当事者のいずれの責任でもない事由にあります。したがって、借家人は、賃料を支払う必要はないと考えられます。

(2) **緊急時避難準備区域**

上記区域内の居住者等は、常に緊急時に避難のための立ち退きまたは屋内へ

の退避が可能な準備を行うよう指示されています。つまり、この区域内では、緊急時の屋内退避または避難の準備だけは常にしながら日常生活をするよう要請されているのです。

そうであるならば、この区域内の借家人については、賃料支払義務は存続します。ですから、借家人が自主的に避難する場合には、法律の規定（民法617条、借地借家法27条）どおりに賃貸借契約を終了させる必要があります。もっとも、原発事故という緊急事態の下での問題なので、契約を終了させる際の条件等については、当事者双方の話し合いによって柔軟な解決を目指すべきです。

（稲村　晃伸）

Q31　罹災都市借地借家臨時処理法とは何か

罹 災都市借地借家臨時処理法とは、どのような法律ですか。東日本大震災にも適用されるのでしょうか。

A 罹災都市借地借家臨時処理法とは、政令で災害を指定し（同法25条の2）、適用地区を決めて（同法27条）適用される建物の滅失に関する特別法です。東日本大震災および同震災で被災した地域は、平成23年5月31日現在、政令で指定されていません。

1　罹災都市借地借家臨時処理法

罹災都市借地借家臨時処理法（以下、「罹災法」といいます。）は、太平洋戦争による空襲等による建物の損壊・消失に対処するために、昭和21年に制定された特別法です。平成7年に発生した阪神・淡路大震災にも適用されました。

2　罹災法の借家に関する要点

(1)　罹災借家人の敷地優先賃借権

　滅失した建物の借家人は、政令施行の日から2年以内、借家の敷地の所有者に申し出ることによって、他の者に優先して相当な借地条件でその土地を賃借することができます（同法2条1項）。

(2)　罹災借家人の借地権の優先譲受権

　滅失した建物の借家人は、政令施行の日から2年以内、借家の敷地の所有者に申し出ることによって、他の者に優先して相当な対価でその借地権の譲渡を受けることができます（同法3条1項）。

(3)　罹災借家人の建物優先賃借権

　滅失した建物の借家人は、その敷地に新たに建築された建物について、その完成前に申し出ることにより、他の者に優先して相当の借地条件でその建物を賃借することができます（同法14条1項）。

（稲村　晃伸）

第2章

金融、ローン等支払、保険、税金等に関する問題

第1節 金融、ローン等支払に関する問題

Q01 家屋の滅失と住宅ローン

> **Q** 35年ローンで購入した家屋が、購入後3日目に、津波でがれきになってしまいました。家がなくなったのに、住宅ローンは支払わなければならないでしょうか。

> **A** 住宅が滅失したとしても、現在の制度では、住宅ローンの支払義務は残ります。現在、政府は住宅ローンの返済猶予や金利減免等の対策案を検討中です。

1　家屋の滅失と住宅ローン

震災により住居が滅失しても、金銭消費貸借である住宅ローンの債権債務には影響はなく、借主の支払義務は残ります。

2　住宅ローンの支払い猶予

各金融機関は、被災者の住宅ローンの返済に関する相談窓口や専用電話を設置し、相談を受付けています。必ず相談しましょう。

なお、平成21年12月14日に施行された「中小企業金融円滑化法」では、「金融機関は支払に支障が生じた住宅ローン利用者から負担の軽減の申込みがあった場合には、当該住宅資金借入者の財産および収入の状況を勘案しつつ、できる限り、当該貸付けの条件の変更等を行うよう努めなければならない」としています。

政府は、平成23年3月31日に、中小企業金融円滑化法の期限を平成23年3月31日から平成24年3月31日へ延長しました。

3　住宅金融支援機構の対応

住宅金融支援機構（旧住宅金融公庫）の対応は、次のとおりです。

対象者	①商品、農作物その他の事業財産また勤務先が損害を受けたため、著しく収入が減少した者 ②融資住宅が損害を受け、その復旧に相当の費用が必要な者 ③債務者また家族が死亡・負傷したために、著しく収入が減少した者
返済方法の変更	被災の割合（災害発生前の収入額や災害発生後の収入予定額、自己資金額等をもとに算定される「り災割合」）に応じて、 ①返済金の払込みの据置（1～3年間） ②据置期間中の金利の引き下げ（0.5～1.5％減） ③返済期間の延長（1～3年）

3　地震保険の住宅ローンへの充当

　津波よってがれきになってしまった家屋が地震保険に加入している場合は、支払われた保険金が住宅ローンの支払いに充当されるので、保険金が支払われた分は、住宅ローンを支払う必要がなくなります。

4　二重ローン問題に対する政府の対策

　東日本大震災で被災した企業・個人が生活再建のために新たな借金を抱える「二重ローン」問題に関し、政府は、個人の住宅ローンについては、①住宅を再建築するかどうかを基準に対策を講じるものとする。②まず既存ローンの返済猶予や金利減免によって当面の負担を軽減する。③住宅の再建築を希望する人には住宅金融支援機構による長期の低利融資で支援する。④再建築を断念した場合には金融機関との調整を通じて、被災者のローンを削減する。⑤負債総額や担保不動産の時価、収入見込みなどによって金融機関がローンの削減幅を決めることができるように、個人版の私的整理指針をつくる旨を骨子とした対策を検討中です（2011（平成23）年3月8日付け日本経済新聞）。

（山内　隆）

Q02 震災被害とクレジット契約

地震の1週間前にクレジットカードでノートパソコンを購入し使用していましたが、パソコンは津波で、家と一緒に、がれきになってしまいました。私はクレジット代金を支払わなければならないでしょうか。

A 商品が震災で滅失したとしても、クレジット代金を支払わなければなりませんが、支払猶予を申し出て、減額交渉する余地があります。

1 クレジット契約の法律関係

クレジット契約（割賦販売、信用購入あっせん、ローン提携販売）の商品が震災等の不可抗力によって滅失した場合、買主が負担する代金支払債務が消滅するか否かは、危険負担の問題となります。

クレジット契約には、ほとんど例外なく売主側に商品の所有権を代金完済まで留保する旨の所有権留保特約が付されていますが、商品が不可抗力により滅失したとしても、代金債務は影響を受けません（危険負担の債権者主義。民法534条1項）。このことは、買主が所有者的地位に立つこと、すなわち、商品を管理し、自由に使用することができることの結果だと考えられるからです。

従って、震災等の不可抗力によって商品が滅失した場合でも、買主は、クレジット料を支払わなければなりません。

2 支払猶予の交渉

経済産業省は、東日本大震災を受け、平成23年3月14日、被災者が生活必需品等を購入するため必要な場合には、クレジットカードの上限額の緩和や、被災者の債務の支払につき、支払い条件の変更等の柔軟かつ適切な対応をするよう、社団法人日本クレジット協会に対し同団体所属のクレジット業者に対す

る周知徹底を要請しています。

したがって、クレジット事業者に対して、支払猶予を認めてもらうよう交渉してみましょう。

(山内　隆)

Q03 震災で収入の途がなくなり、消費者金融に返済できない

> **震**災以前から、消費者金融でお金を借りていました。震災で勤務先が倒産し、収入がなくなりました。消費者金融に返済できません。どうしたらよいでしょうか。

> **A** 消費者金融会社との交渉により、支払条件の変更等をすることができる場合があります。さまざまな支援制度を借入金の返済に活用することも考えられます。

1　震災と消費者金融への返済

本来、消費者金融会社との間で締結した借入れの契約（民法587条）の内容は、今回の震災においても変わりません。そのため、支払期限までに元本および利息を支払うことになります。

約定の支払日を過ぎても返済がなされないと、信用情報機関に登録される（いわゆるブラックリスト）場合があるほか、債務者の経済状況の悪化等により支払ができない状況になった場合、いわゆる債務整理（任意整理、個人再生、破産等）を検討することとなります。

2　債務整理の前になすべきことがら

ただちに債務整理を検討するべきではありません。

(1)　借入先との交渉

消費者金融会社の多くは東日本大震災被災者専用のコールセンターを設け、個別に元金・利息の減免、返済期日の延長といった支払条件の変更等の相談に応じていますので、まずは借入先と交渉して上記変更等を検討する必要があります。

(2) **過払金返還請求の検討**

　そもそも利息を払いすぎていて契約した内容よりも元本額が少なくなっていて残元本額を減縮できる場合や、払いすぎた利息を取り戻すことができる場合もあります（いわゆる過払金返還請求）。これらの場合、直ちに元本の減縮および利息を取り戻すことを検討する必要がありますので、早急に弁護士に相談してください。

3　公的支援金の充当

　上記のいずれによっても借金が減らない場合であっても、被災者に対する多くの資金手当があります（災害弔慰金、災害援護資金（無利子）、義援金、雇用保険の失業給付、被災者生活再建支援制度等）。

　なお、これらは借金返済目的で給付されるものではありませんので、借入金の返済のためにこれらの資金を充てる際はその後の生活再建という点で注意が必要です。

4　債務整理は最後の手段

　上記の方法によっても返済が不可能な場合、上記債務整理の手続を行うかどうかを検討することとなるでしょう。弁護士に相談しましょう。

5　被災者の財産の差押

　一般的に、消費者金融等の債権者に返済ができなくなった場合、訴訟を提起されたり強制執行をされたりする可能性が出てきます。

　強制執行の場合、不動産・預貯金等の債権など、債務者の有している様々な資産が対象になります。債権の場合、一部の差押禁止債権等（民事執行法152条、その他特別法）を除き、対象となります。

　ただ、今回の震災にあたり、今後東京電力などから支払われる見込みのある損害賠償金、地方自治体や各種団体から支払われる可能性のある災害弔慰金、義援金、生活再建支援金等は、被災者の生活再建のために欠かせない資産とな

りうるものであり、これらまで差押の対象となることは適切でないと考えられます。

そこで、現在政府では、上記のような資産については差押禁止とする方向で検討しており、早期に法案を提出する方針である、との報道がなされています（2011（平成23）年6月7日付け日本経済新聞朝刊）。

もし、これらの債権について差押がされなくなるのであれば、被災者にとっては有利であり、債務整理をするか否かの判断においても影響されるので、注意が必要です。

（鈴木　聡）

Q04　震災で収入の途がなくなり、奨学金を返済できない

震災以前から、奨学金を返還していました。震災で勤務先が倒産し、収入がなくなりました。奨学金を返済できません。どうしたらよいでしょうか。

A　奨学金の貸与を受けていた団体に対して、返済計画変更の申し立てをすることができます。

1　震災と奨学金の返済

本来、卒業や退学などにより奨学金の貸与が終了したら、奨学金の貸与を受けていた学生は、当該奨学金の返済をすることとなります。

東日本大震災によっても貸与を受けた奨学金の返済義務が当然に消滅または減縮するわけではありません。

2　震災の特例

東日本大震災により奨学金の返還が困難となった場合、特例として、奨学金

の貸与を受けた団体に対し、奨学金返済額の減額、一定期間の返済猶予、1回あたりの金額・返還方法の見直しといった計画変更等の申し立てをすることができます。

どのような書類を提出すればよいか等の具体的な手続は、奨学金を貸与している団体ごとに異なります。

たとえば独立行政法人日本学生支援機構には、「り災証明書」を添付した同機構所定の「返還期限猶予願」を提出します。「り災証明書」が取得できない場合は、猶予願を提出し、後日「り災証明書」を提出することができます。

他方、東日本大震災による被災者に対する上記のような特例を採用していない団体であっても、一般に上記奨学金の返還が困難となった場合、奨学金の貸与を受けた団体に対し、返還猶予や返済計画の変更を申し出ることができる場合があります。

したがって、今回の震災により奨学金の返還が困難となった場合、上記特例の有無を問わず、奨学金の貸与を受けた団体に対し、奨学金の返還が困難となった旨を問い合わせてください。

（鈴木　聡）

Q05 避難所にいるのに自宅の電気、ガス料金を支払うべきか

津波によって家が壊れ、避難所で生活しています。自宅の電気、ガス等の公共料金は支払わなければならないのでしょうか。

A 東日本大震災の被災者に対しては、都道府県や市町村における、電気、ガス等の公共料金の支払いが軽減・免除されることがあります。

1　公共料金支払いの原則論

本来、電気、ガス等の公共サービスの利用の対価として、一定の期限に基本料金および使用料といった公共料金を支払わなければなりません。この料金につき一定額の不払いがあった場合には、上記サービスの利用ができなくなる等の不利益を受ける場合があります。

2 災害救助法適用地域の特例

今回の東日本大震災の特例として、災害救助法が適用された地域においては、支払期限が延長されたり基本料の支払が免除される場合があります。したがって、各公共サービスを提供している都道府県、市町村の担当局に問い合わせて、どのような措置がなされているか確認する必要があります。

たとえば、ガス料金についての仙台市ガス局の取扱いは、以下のとおりです（平成23年6月2日現在）。

(1) 請求額の据置き、支払期限の延長措置

早収期間（請求書発行日の翌日から20日間）経過後も請求額は据え置かれます（すなわち、通常時において上記早収期間を経過した場合、上記請求書記載の請求額に3％を加えた額が翌月分の料金に加算されるところ、かかる加算がされなくなります。）。

また、支払期限について、平成23年3月検針分は6カ月間、4月検針分は5カ月間、5月検針分は4カ月間、6月検針分は3カ月間、7月検針分は2カ月間、8月検針分は1カ月間、それぞれ延長されます。

東日本大震災で災害救助法の適用を受けた他の地域から仙台市ガス局の供給区域に転入した場合も、同様に支払期限が延長されます。

(2) 基本料金の免除

平成23年3月11日以降の6カ月間、ガスを使用できなかった場合には、基本料金は免除される措置がとられています。

3 引落し口座の残高の確認

被災地によっては上記措置の実施が間に合わない等のため、公共料金が引き落とされてしまう場合もあります。そこで、上記措置が採られているか分からない場合、引き落とし口座に残高を残しておかないようにして不要の出費を抑えるといった対策も考えられます。

（鈴木　聡）

Q06 収入が途絶えた被災者の国民健康保険料の支払い

震災によってパートとして働いていた会社の社長が亡くなり、会社も倒産し、収入の途がありません。国民健康保険料は支払わなければならないでしょうか。

A 国民健康保険の被保険者について、各市区町村ごとに保険料の納期限の延長、医療費一部負担金の減免等の措置が講じられています。

1 納付期限の延長、一部負担金の減免

　市区町村ごとに運営されている国民健康保険（国民健康保険法3条1項）については、保険料（税）の納期限の延長および医療費一部負担金の減免等の措置が講じられています。

　東日本大震災においても、被災市町村ごとに上記措置が講じられていますので、お住まいの市役所、町村役場に問い合わせてください。

2 宮城県仙台市でとられている措置

　平成23年5月現在、宮城県仙台市でとられている措置を紹介します。

(1) 保険料の納期限の延長等

　① 平成23年3月31日が納期限となっていた3月分の国民健康保険料は、同年5月31日まで期限が延長されています。

　② 納付義務者またはその世帯に属する被保険者の所有に係る住宅について、震災により受けた損害の程度が半壊以上である場合等の条件を満たす場合は、平成23年3月納期分および平成23年度の国民健康保険料が減免されます。

　　上記減免を受けるためには、同年度中に「り災証明書」、被災状況が確認できる資料、損害保険等による補てん額が確認できる書類などを同市の担当課に

提出して申請します。

(2) 医療費一部負担金等の免除

東日本大震災により、被災日から平成24年2月診療分までの国民健康保険診療に対する一部負担金および平成23年8月診療分までの入院時の食事代、生活療養費（標準負担額）の病院等窓口での支払が免除されます。

この免除を受けるためには、次の書類を仙台市各区保険年金課・各総合支所保健福祉課に提出して申請します。
① 住家の全半壊、全半焼の被災をした場合：「り災証明書」
② 世帯主または世帯員が死亡、行方不明または重篤な傷病を負った場合：「死亡診断書」「警察の死亡検案書」、医師による証明書または診断書等
③ 世帯主または世帯員が事業を廃止または休止した、あるいは失業し現在収入が無い場合：公的に交付される書類で事実の確認が可能なものまたは世帯主に寄る申立書および事業主等による証明書

（鈴木　聡）

Q07　中小事業者への支援

津波によって取引先の会社の社屋が流され、取引先の社長も行方不明となり、手形を決済してもらえない状態が続いています。このままでは自分の会社が倒産しそうです。この場合、何かよい方法はないでしょうか。

A 取引先が破産、不渡処分等になる前に、中小企業庁の中小企業倒産防止共済による融資が受けられるようになりました。その他、各種融資制度があります。

1　中小企業倒産防止共済

⑴　従来の制度

　従来、取引先の会社が倒産したり、振り出した手形が不渡処分となって売掛金回収が困難となった場合等に際しては、中小企業庁の中小企業倒産防止共済により、積み立てておいた掛け金の最大10倍（最大で3200万円）まで無担保・無利子・無保証で資金を借りられました。

　しかし、質問者の場合、取引先の会社が明確に倒産しているとまではいえず、また質問者も手形を交換に回していないようですので、取引先が振り出した手形が不渡処分にはなっておらず、これまでは中小企業庁の中小企業倒産防止共済から資金を借りることはできませんでした。

⑵　中小企業倒産防止共済の利用条件の緩和

　中小企業庁は、東日本大震災をふまえて省令を改正し、中小企業倒産防止共済の利用条件を緩和し、「震災で手形の決済が滞った場合」にも、融資が受けられることになりました。

　すでに、全国銀行協会は、直接被災した中小企業が振り出した手形が期限までに決済できなくても、「不渡り」扱いにしないことを決めていますが、さらに、手形を受け取っている側の企業も、予定していた売掛金の回収ができない場合に、中小企業倒産防止共済からの資金借入によって、急場をしのぐことができます。

　http://www.chusho.meti.go.jp/earthquake2011/110418Eq-T.html

3　天災融資制度

　質問者が農林漁業者等の場合、「天災による被害農漁業者等に対する資金の融通に関する暫定措置法」により、再生産に必要な低利の経営資金の融資を受けられる可能性があります。問い合わせは、各市町村にして下さい。

4　株式会社日本政策金融公庫による資金貸付

　2と同様、質問者が農林漁業者である場合、株式会社日本政策金融公庫（以下「日本公庫」といいます。）から資金貸付を受けられる可能性があります。また、それ以外の業種の方でも、融資が受けられる場合があります。問い合わせは、日本公庫（電話番号：0120－154－505、http://www.jfc.go.jp/finance/）にして下さい。

5　災害復旧貸付

　災害により直接、間接的被害を受けた中小事業者に対して、3の日本公庫だけでなく、株式会社商工組合中央金庫（以下「商工中金」といいます。）から事業所復旧のための資金の融資を受けられる可能性があります。問い合わせは、日本公庫または商工中金（電話番号：0120 − 079 − 366、http://www.shokochukin.co.jp/top_jishin.pdf）にして下さい。

6　災害復旧高度化資金

　大規模災害により既往の高度化資金の貸付を受けた事業用資産がり災した場合、被害を受けた施設の復旧を図る等の場合に、都道府県または独立行政法人中小企業基盤整備機構（以下「中小機構」といいます。）から貸付を受けられる可能性があります。問い合わせは、各都道府県または中小機構（電話番号：東北支部 022 − 399 − 6111、http://www.smrj.go.jp/kikou/earthquake2011/）にして下さい。

7　経営安定関連保証

　融資そのものではありませんが、災害などの理由により影響を受けた中小事業者に対して、経営の安定を図るために必要な資金について、信用保証協会から保証が受けられる可能性があります。問い合わせは、各県の信用保証協会にして下さい。

8　災害関係保証その他

　6の経営安定関連保証と同様、融資そのものではありませんが、激甚災害に対処するための特別の財政援助等に関する法律に基づく政令で指定した激甚災害により被災した中小事業者に対して、災害復旧に必要な資金について、信用保証協会から保証が受けられる可能性があります。問い合わせは、各県の信用保証協会にして下さい。

　なお、平成23年5月23日から、岩手県、宮城県、福島県に事業所を融資、震災により直接の被害を受けた中小事業者等を対象に、災害関係保証と合わせ、さらに「東日本大震災復興緊急保証」が受けられることとなりました。

　連絡先は、以下のとおりです。

- 岩手県信用保証協会（電話番号：019 － 654 － 1500、http://www.miyagi-shinpo.or.jp/top.cgi?eid=265）
- 宮城県信用保証協会（電話番号：022 － 225 － 6491）
- 福島県信用保証協会（電話番号：024 － 526 － 2331）

【参考資料】
- 内閣府の「被災者支援に関する各種制度の概要」
  （http://www.bousai.go.jp/fukkou/kakusyuseido.pdf）
- 中小企業庁の「中小企業向け資金繰り支援策ガイドブック」
  （http://www.chusho.meti.go.jp/earthquake2011/download/Financing-v1.pdf）

（岩田　修一）

第2節　保険に関する問題

Q08　建物の損壊と保険

地震と津波で建物が損壊し、家財も流失してしまいましたが、火災保険には入っています。保険金はもらえるのでしょうか。

A 地震保険に加入していれば、損害が補償されますが、火災保険だけでは、地震または津波を原因とした建物や家財の損害については補償されません。契約によっては見舞金や地震火災費用保険金の支給を受けられる場合があります。

1　地震保険でカバーされる損害

　地震保険は、地震、噴火または津波を原因とした建物や家財の損害を補償するための保険で、火災保険に加入している場合のオプションとしてしか加入することはできません（ＪＡ共済などの建物更生共済は地震および地震による津波等の損害についても基本的契約に含まれています）。地震保険に加入している場合は、①地震により建物が倒壊した、②地震による火災で建物が焼失した、③津波によって家財が流失したなどの場合、地震保険で保険金が支払われます。地震保険は地震等により所定の損害（「一部損壊」、「半損」または「全損」）が発生した場合にそれぞれの損害に応じた保険金が支払われます。

2　地震火災費用保険金

　火災保険だけの加入ですと、地震、噴火または津波を原因とした建物や家財の損害については補償されません。ただ、地震や津波を原因とする火災によって一定以上の損害を受けた場合には、「地震火災費用保険金」の支給を受けられる場合がありますので、加入の保険会社に問い合わせてください。

　共済についても、地震等による損害を支払い対象としていない場合でも、見舞共済金等が出る場合もありますので、加入の共済に問い合わせてください。

3　契約先の保険会社が不明な場合

　被災したため保険証券が手元にないなどの事情により、地震保険を契約した損害保険会社が不明な場合であっても、社団法人日本損害保険協会に連絡すれば、加入先の保険会社を教えてくれます（電話0120－501－331。通話料はかかりません）。共済の火災共済・地震共済の場合は、日本共済協会が窓口です（電話03－5368－5757。通話料がかかります）。ＪＡ共済の場合は、ＪＡ共済相談受付センターが窓口です（電話0120－536－093。通話料はかかりません）。

（春木　成得）

Q09 自動車の損壊と保険

津波で所有する自動車が流され、使えなくなりました。自動車保険には入っています。保険金はもらえるのでしょうか。原発による放射能汚染で廃車にした場合はどうですか。

A 通常の自動車保険だけでは、地震・津波を原因とする損害は補償されませんが、状況によっては、地震等の損害に該当せず、補償される場合があります。原発による損害も通常の自動車保険では補償されません。

1　地震・津波を原因とする損害

　通常の自動車保険では、地震、噴火または津波を「原因とする」損害は免責されており、保険金支払いの対象になりません。ただし、地震等補償特約（「地震噴火津波車両損害補償特約」など）を付けている場合には、保険金が支払われますので、契約内容の確認が必要です。

　なお、保険証券を紛失した場合には、本節Q13（80頁）を参照してください。

2　地震・津波を原因とする損害といえない場合

　道路上のがれきを見落としたためにハンドルをとられて発生した事故の損害のように、東日本大地震が収まって相当程度時間が経過してからの運転者の不注意を主な原因とする事故や、震災後の計画停電により信号機が消えた交差点での事故の損害のような場合には、地震等を「原因とする」損害に該当しない可能性があります。

　保険会社の免責に該当するかどうか、保険金が支払われるかどうかは、地震からの経過時間や事故の原因・状況等により、個別具体的に判断することになります。

3　原発事故の免責

　自動車保険（車両保険、対人・対物賠償責任保険、搭乗者傷害保険、人身傷害補償保険等）は、核燃料物質もしくは核燃料物質によって汚染された物の放射性、爆発性その他有害な特性の作用またはこれらの特性に起因する事故、これ以外の放射線照射または放射能汚染をいずれも免責事由としており、これらによる損害に対して保険金は支払われません。

　したがって、原発により放射能に汚染された車を廃車しなければならない場合も、保険金支払いの対象となりません。この損害は、原子力賠償責任法に基づき、東京電力に請求することになります（第5章Q03（183頁）参照）。

（春木　成得）

Q10　船の損壊と保険

津波で所有していた漁船が陸地に流され、操業には使えなくなりました。保険金はおりるのでしょうか。

A　船体保険（漁船の場合は「普通損害保険」）に加入していれば、保険はおりますが、例外もあります。流された船を船舶所有者の責任で撤去・処理する費用は、船主責任保険に加入していれば補償されます。

1　保険加入の有無

　貨物船、旅客船、漁船等の事業用船舶には、通常、船体保険（漁船の場合は「普通損害保険」）と船主責任保険（漁船の場合は「漁船船主責任保険」）がかけられています。まずは加入の有無を調べる必要があります。

　上記の漁船に関する保険制度は、漁船の不慮の事故によって受ける損害や不

慮の費用負担等を補てんし、漁業経営の安定に資することを目的とした「漁船損害等補償法」という法律に基づいて実施されている制度です。

2　船体保険

　船体保険（漁船の場合は「普通損害保険」）とは、船舶が滅失、沈没、損傷した場合、その修繕等の費用を補償する保険です。

　船舶が全損の場合、船舶価値に応じた保険金が船舶所有者に支払われます。

　一般的に船体保険（漁船の場合は「普通損害保険」）の場合、地震・津波による損害については、補償の対象となりますので、今回の震災による損害にも保険金が支払われます（例外的に、補償の対象とならない場合もあります）。

　また、東日本大震災で被災した船舶を修理して再使用する場合には、船舶所有者は船舶の修理地までの移動費用を含めた修繕費について補償を受けることができます。

3　船主責任保険

　船主責任保険（漁船の場合は「漁船船主責任保険」）とは、船舶所有者が負うべき責任に対して発生した船舶所有者の費用を補償する保険です。例えば、過失により生じた物損に対する損害賠償費用等です。

　東日本大震災で全損となった船舶を、船舶所有者の責任で撤去・処理しなければならない場合、これに要した費用が補償されます（http://www.mlit.go.jp/common/0001426.pdf）。

　「災害その他の事由により特に必要となった廃棄物の処理」として、被災市町村が船舶の処理をする場合には、災害廃棄物処理事業の補助対象となり、国から市町村に補助金が支給されます。

4　プレジャーボート

　プレジャーボート（スポーツまたはレクリエーションに使用する小型の船舶）については、保険の補償内容が個々の保険契約によって異なりますが、一般に、プレジャーボート保険に加入していれば、プレジャーボートの運航に伴って生じた費用および損害賠償責任に基づく損害が補償されますが、前期の船体保険のような船舶自体についての損害の補償は予定されていません。

（春木　成得）

Q11 災害による死亡と生命保険

津波で家が流され、逃げ遅れた夫は亡くなってしまいました。津波でも、生命保険はおりるのでしょうか。

A 生命保険の場合、地震・津波等の災害に関する特約を付けていなくても、死亡または高度障害状態になったときには保険金を受け取れます。「災害割増特約」などが付いていれば、死亡または高度障害保険金に上乗せした災害保険金を受け取れます。

1 災害の場合の生命保険の概要

　生命保険契約とは、人の死亡という事実に対して保険料に見合った金銭が支払われる契約です。生命保険は、一般的に、終身保険・定期保険・養老保険などの「主契約」と災害割増特約などの「特約」とで構成されています。

　生命保険の場合、火災保険や自動車保険などの場合と異なり、災害関係の特約を付けていなくても、死亡または高度障害状態になったときには保険金を受け取ることができます。

　加えて、「災害割増特約」などの災害関係の特約が付いていれば、死亡または高度障害保険金に上乗せして災害保険金が受け取れる構造になっています。

2 災害割増特約

　災害割増特約とは、不慮の事故や特定感染症等で死亡または高度障害状態になった場合に、主契約の死亡保険金等に加えて割増保険金が支払われる特約のことです。

　この特約については、約款上、「地震、噴火、津波または戦争によるときは減額または支給しない場合がある」と規定されていることがあります。しか

し、今回の東日本大震災に関しては、この約款の免責規定を適用せず、割増保険金を全額支払うことが全生命保険会社および社団法人生命保険協会から発表されています。

なお、これらの特約の対象は保険会社によって異なりますので、今回の震災で負傷・死亡されている場合には、加入されている保険会社にこれらの特約の対象や範囲について確認しておく必要があります。

3　行方不明者家族への生命保険金の支払い

生命保険協会は、行方不明者の親族に対しても、自治体から「災害弔慰金」を受け取った場合には、生命保険金を支払う方針を決めました。協会に加盟している国内の生命保険会社47社が、震災から3カ月となる6月11日から請求を受け付けています。

本来、被保険者が行方不明になった場合、生命保険金を支払うには、裁判所による失踪宣告が必要ですが、2011（平成23）年6月10日現在、東日本大震災による行方不明者がいまだ8000人を超え、親族らの避難生活も長期化し、被災者の保険金支払いへのニーズが高いことから、特例措置を採ることになったようです。

4　保険会社がわからない場合

地震・津波によって保険証券を紛失してしまい、加入している保険会社がわからない場合には、下記の窓口に問い合わせてください。加入先を調査してくれます。

生命保険協会「災害地域生保契約照会センター」：0120 - 001 - 731（通話料無料）（http://www.seiho.or.jp/data/news/h23/20110401.html）

（長竹　信幸）

Q12 災害による負傷と傷害保険

地震による大きな揺れで家屋が壊れそうになったので外に飛び出したとき、転んで足を骨折しました。傷害保険はおりるのでしょうか。

A 傷害保険の特約として、「天災危険担保特約」を付けていなければ、地震・津波などの天災によるケガや通院の費用は、補償されません。ただし、「天災によるケガ」かどうかの認定は具体的な状況に応じて変わるので、補償される場合もあります。

1 特約の内容

「天災危険担保特約」とは、地震・津波・噴火などの天災に起因するケガや通院の費用を補償してくれる特約のことを言います。

この特約が付いていない通常の傷害保険の場合、これらの天災に起因するケガや通院の費用については補償の対象となりません。

2 保険会社に問い合わせを

外資系の損害保険会社では、以前からこの天災危険担保特約を付帯させてきたのですが、最近は国内の損害保険会社でも、このような「天災危険担保特約」を付けている保険や共済が多く出ています。

特約の名前や補償範囲は保険会社によって異なりますので、天災によってケガをした場合には、一度加入されている保険会社に補償内容を確認してみましょう。

また、天災危険担保特約が付いていなかったとしても、実は「天災によるケガ」かどうかの認定は微妙な判断となり、具体的な状況によって認定が変わってくる可能性があります。諦めずに一度保険会社に相談してみるべきです。

なお、各損害保険会社の相談窓口の一覧が社団法人日本損害保険協会のホー

ムページ（http://www.sonpo.or.jp/news/2011quake/tel_list.html）に掲載されていますので、加入されている保険会社が分かっている場合には同ホームページをご参照下さい。

3　保険会社が分からない場合

　地震・津波によって保険証券を紛失してしまい、加入している保険会社が分からない場合、下記の窓口までご相談下さい。

　日本損害保険協会：0120－107－808（通話料無料）、03－3255－1306
　日本共済協会：03－5368－5757
　ＪＡ共済相談受付センター：0120－536－093（通話料無料）

　また、ホームページ上で損害保険会社や契約内容を照会できる制度も始まりました（http://kakunin-contracts.jp/top.php）。

（長竹　信幸）

Q13　災害による保険証券の紛失

津波で家が流されてしまい保険証券をなくしてしまいました。保険金を請求しようにも保険会社がわかりません。どうすればよいのでしょうか。

A　損害保険会社や生命保険会社等が電話相談窓口を設置しています。

1　保険会社の連絡先

　地震や津波の影響で保険証券を紛失してしまったため、加入している保険会社が不明な場合の相談窓口は以下のとおりです。相談窓口に連絡すれば、契約の有無、契約内容を教えてくれます。

【損害保険】
　日本損害保険協会：0120 - 107 - 808（通話料無料）、03 - 3255 - 1306（通話料がかかります）
　外国損害保険協会：03 - 5425 - 7963（通話料がかかります）
　保険会社照会制度（http://kakunin-contracts.jp/top.php）
　各損害保険会社の相談窓口（http://www.sonpo.or.jp/news/2011quake/tel_list.html）
【火災保険】
　地震保険契約会社照会センター：0120 - 501 - 331（通話料無料）
【生命保険】
　生命保険協会「災害地域生保契約照会センター」：0120 - 001 - 731（通話料無料）
【共済】
　日本共済協会：03 - 5368 - 5757（通話料がかかります）
【ＪＡ】
　ＪＡ共済相談受付センター：0120 - 536 - 093（通話料無料)

2　保険証券を紛失した場合

　保険証券を紛失してしまったとしても、①保険会社から送られてくる保険内容の案内通知や保険料の振込用紙、②通帳が残っていれば、保険料引落の記載で保険会社がわかります。また、ご自宅が被災した場合でも、避難所への転送届の手続をしておきさえすれば、保険会社からの通知が転送先に送られてくる可能性も高まります。

　保険証券が見つからない場合でも、これらの通知等で保険会社がわかりますので、あきらめずに確認してみてください。

　なお、保険証券を紛失してしまった場合でも、本人確認ができれば保険金の支払いに対応しているようです。また、本人確認書類を紛失してしまっていても、各保険会社で状況に応じた対応をしているようですので、ご加入の保険会社へお問い合わせ下さい（http://www.seiho.or.jp/data/other/110312disaster/faq.html）。

3　保険証券の再発行

　保険証券を紛失してしまった場合でも、保険会社には保険契約の原簿があり

ますから、保険証券の再発行をしてくれます。加入している保険会社に再発行の請求をしてください。電話連絡をすれば、手続きは保険会社が教えてくれます。

(長竹　信幸)

第3節　税金に関する問題

Q14　被災者の納税

津 津波で自宅が崩壊したばかりか、経営していた部品工場もがれきと化し、従業員も行方不明になったことから、部品工場を廃業しました。手元に現金がありません。このような時でも、税金を支払わなければならないでしょうか。

A 東日本大震災に伴って、税金の申告・納税の期間の延長、納税の猶予、納税額の減額・免除など、さまざまな特例が定められています。

1　申告・納税期間の延長

　東日本大震災によって、期限までに税金の申告・納付等ができない場合、申告・納付期間が延長されます。
　この申告・納税期間の延長には、①地域指定による延長と、②個別の申請による延長があります。
(1)　**地域指定による延長**
　①　指定地域
　　　青森県、岩手県、宮城県、福島県、茨城県の納税者の方については、国

税通則法第11条に基づき、国税に関する申告・納付等の期限の延長が行われています（この地域指定は、平成23年3月15日付け官報で告示されました）。

なお、対象地域については、今後の状況を踏まえて見直していく予定とされています。

② 手続

上記地域に納税地を有する納税者の方については、東日本大震災が起きた平成23年3月11日以後に到来する申告等の期限が、全ての税目について、自動的に延長されることとなります。従って、申告・納付等の期限の延長ための特別の手続きは、必要ありません。

③ 延長期間

申告等の期限をいつまで延長するかについては、今後、被災地の状況を十分配慮したうえで、検討されます。

(2) **個別の申請による延長**

上記地域以外の納税者の方についても「災害による申告、納付等の期限延長申請書」を所轄税務署長に申請し、その承認を受ければ、災害がやんだ日（申告・納付等をするのに差支えないと認められる程度の状態になった日）から2カ月以内の範囲で申告・納付等の期限が延長されます。

2　納税の猶予

納税者の方が災害により被害を受けた場合には、一定の国税について納税の猶予を受けることができる制度があります。

この制度には、①国税通則法46条1項に基づく、災害により相当な損失を受けた場合の納税の猶予（財産に損失を受けた日に納期限が到来していない国税）と、②国税通則法46条2項に基づく、災害等を受けたことにより給付が困難な場合の納税の猶予（既に納期限の到来している国税）があります。

(1) **災害により相当な損失を受けた場合の納税の猶予**

① 対象国税

災害のやんだ日以前に納税義務が成立しており、災害により財産に損失を受けた日以降1年以内に納期限が到来する国税です。

② 対象者

この納税の猶予を受けられる方は、災害により全積極財産の概ね20％

以上の損失を受けた方です。
③　猶予期間
　　損失の程度により納期限から1年以内の期間です。
　　※被害額が全資産の額の50％を超える場合：原則1年
　　　被害額が全資産額の20〜50％である場合：原則8カ月
④　手続
　　この納税の猶予を受けるためには、災害のやんだ日から2カ月以内に、「納税の猶予申請書」および「被災明細書」を提出する必要があります。
　　なお、被災状況が判明するまでに日時を要するときは、後日被災明細書を提出することも可能ですし、被災明細書に代えて、市町村が発行するり災証明書又は申請者の方への聴き取りによる方法でも確認も行われています。

(2) 災害等を受けたことにより給付が困難な場合の納税の猶予
　災害その他やむを得ない理由に基づき、国税を一時に納付することができないと認められる場合には税務署長に申請することにより、納税の猶予を受けることができます。
①　猶予期間
　　納税の猶予期間は原則として1年以内の期間に限りますが、猶予の期間内に納付ができないやむを得ない理由がある場合には、既に認められている猶予期間と会わせて2年を超えない期間内で、申請により納税の猶予期間の延長を受けることができます（国税通則法46条7項）。
　　よって、同一災害を理由として、災害により相当な損失を受けた場合の納税の猶予と災害等を受けたことにより給付が困難な場合の納税の猶予および猶予期限の延長により、最長3年間の猶予を受けることができます。
②　手続
　　この納税に猶予を受けるためには、災害により相当な損失を受けた場合の納税の猶予と異なり、原則として猶予を受けようとする金額に相当する担保の提供が原則として必要です。
　　但し、例外として猶予金額が50万円以下または特別な事情がある場合は不要です（国税通則法46条5項）。

3　納税額の減額・免除

　納税額の減額、免除については、所得税、相続税、贈与税等に様々な制度がありますが、ここでは主に所得税について説明します。

　東日本大震災により住宅や家財などに損害を受けた方は、①損害金額に基づき計算した金額を所得から控除する方法（所得税法に基づく「雑損控除」といいます。）②災害減免法に定める税金の軽減免除による方法のどちらか有利な方法で、所得税の減免または免除を受けることができます。

(1)　雑損控除について

　① 　雑損控除の対象となる資産について

　　　雑損控除の対象となる資産は、生活に通常必要な資産です。

　　　棚卸資産や、事業用の固定資産、山林、生活に通常必要でない資産（別荘、競走馬、1個の価額が30万円を超える貴金属等）は除かれます。

　② 　雑損控除の計算

　　　以下のア、イの計算式のどちらか多い方の金額が控除されます。

　　　ア　差引損失額（損害金額 ー 保険金等で補てんされる金額）ー 総所得金額の10％

　　　イ　差引損失額のうち災害関連支出の金額 ー5万円

　　　※災害関連支出とは、災害により滅失した住宅・家屋を除去するための費用です。

　③ 　参考事項

　　　今回の震災のように、損害額が大きくてその年の所得金額から控除しきれない場合には、翌年以後5年間に繰り越して、各年の所得金額から控除することもできます。

(2)　災害被害者に対する租税の減免、徴収猶予等に関する法律（災害減免法）に定める税金の軽減免除について

　① 　対象となる資産の範囲

　　　住宅や家財が対象となりますが、損害額が住宅や家財の価額の2分の1以上であることが必要です。

　② 　所得税の軽減額等

　　　所得税が所得金額に応じて以下の表のとおりに減免されます。

その年の所得金額	所得税の軽減額
500万円以下	全額免除
500万円超750万円以下	2分の1の軽減
750万円超1,000万円以下	4分の1の軽減

③ 参考事項

上記制度を利用できるのは、損害を受けた年分の所得金額が、1,000万円以下の方に限ります。減免を受けた年の翌年以降は、減免を受けられません。

4 最後に

東日本大震災の影響により税金を支払うことができない方には本項のような制度が用意されています。また各自治体、最寄りの税務署では税金の支払いに関する個別の相談窓口があります。

日常でも、税務署は、税金が支払えない方に対して分納、猶予等の対応をとっていますので、支払いができないことを悩むより、まず生活が一段落したら、各自治体および最寄りの税務署にまず相談してみてください。

（西原　正騎）

第 3 章

雇用、企業に関する問題

第1節　企業活動に関する問題

Q01　株主総会開催時期の変更

震災により株主のほとんどが被災し、株主総会への出席が困難になっています。そこで、多くの株主が出席できるような時期まで、定時株主総会の開催時期を変更することは可能でしょうか。

A　定株主総会の開催時期を開催可能となる時点まで変更することは許されます。

1　原則：会社法の定め

　会社法296条第1項は、株式会社の定時株主総会は、毎事業年度の終了後一定の時期に招集しなければならないものと規定ています。そこで、多くの企業では、定款で事業年度の終了後3カ月以内の時期を定時株主総会の招集期限と定める例が多くなっています。

2　震災による例外的取扱い：法務省による公式見解

　法務省は、東日本大震災を踏まえ、「当初予定していた時期に定時株主総会を開催することができない状況が生じている場合には、そのような状況が解消され、開催が可能となった時点で定時株主総会を開催することとすれば、上記規定に違反することにはならないと考えられます。」との公式見解を示しました。よって、開催時期について、開催可能となる時点まで変更することが可能です。

3　既に招集通知を発送している場合

既に招集通知を発送している場合には、開催日の変更について、変更後の開催日の2週間前に、新たに招集通知を発送する必要があります。新たな招集通知が変更前の開催日前日までに到達しない場合には、さらに、変更前の開催日についてこれを中止とする旨の通知を、変更前の開催日前日までに到達するよう発送する必要があります。

4　基準日の定めがある場合

　定款に議決権行使のための基準日の定めがあり、かつ、定款に定められた基準日から3カ月を経過した後に定時株主総会が開催される場合には、新たに基準日を設定し直す必要があり、これに伴い、新たに設定した基準日の2週間前に、当該基準日および基準日株主が行使することができる権利の内容を公告する必要があります（会社法124条第3項本文）。

（吉田　武史）

Q02　株主総会開催場所の変更

震災直前に株主総会開催通知を発送したのですが、招集通知記載の会場が津波被害によって営業を停止し、いまだに営業再開の見込みがありません。定時株主総会の会場を変更することは可能でしょうか。

A　定款に開催場所の記載がある場合や既に招集通知を発送済みの場合であっても、株主の出席機会を確保する配慮が採られる限り、変更することは可能です。

　会社法上、株主総会の開催場所について、これを直接制限する規定はありません。よって、原則として、例年どおりの会場を変更することは、特段の配慮なく可能です。

もっとも、定款で定時株主総会の開催場所について定めを置いていたり、質問のように、既に招集通知を発送し、特定の会場を通知してしまっている場合に、会場を変更することが可能であるか問題となります。
　この点、裁判例において、総会当日に会場を変更した事例につき、「開催の場所を変更するについて正当な理由があり、かつ変更について相当な周知方法を講じることができるときは、会場を変更することができる」としたものがあります（広島高松江支判昭和36・6・20下民12巻3号569頁）。
　よって、正当な理由に基づき、株主の出席機会を確保する措置が採られている限り、株主の出席権を害することはなく、会場を変更することは可能です。

（吉田　武史）

Q03　債務整理を通じた事業の再建

> 会社を経営していますが、震災の影響で業績が悪化し、債務の支払いができなくなってしまいました。事業を再建するため、一旦債務を整理しようと考えていますが、どのような方法があるでしょうか。

> A　①裁判所の監督外で、全債権者の同意を得て行う私的整理手続のほか、②裁判所の監督下で、一定の債権者の同意を得て行う民事再生手続または会社更生手続を利用して、債務の全額または一部の免除や支払猶予を受ける方法があります。

1　私的整理

　全債権者の同意のもと、債務の一部免除や支払猶予を受ける方法です。裁判所の監督外で行われるため、全債権者の同意さえ得られれば、債務の性質ごとに免除割合を変えるなど、柔軟な債務整理を実現することが可能です。その反

面、全債権者の同意を得ることは、通常、容易なことではありません。

2　民事再生手続

　裁判所の監督の下で、債務者が再生計画案を作成し、これを債権者集会にかけ、出席債権者数の過半数かつ再生債権総額の2分の1を超える金額の債権者の同意にもとづき、債務の一部免除や支払猶予を受ける方法です。

　再生計画は、通常6カ月程度で、債権者集会における決議後、裁判所により認可されるため、後に述べる会社更生手続より迅速に進行します。通常、経営権には異動が生じません。

　原則として、租税滞納処分に基づく差押えを阻止できず、担保権者を手続に拘束できない点においては、会社更生手続と比較して債務者の保護が弱い制度といえます。

3　会社更生手続

　裁判所の監督の下で、債務者が更生計画案を作成し、これを関係人集会にかけ、更生債権者と更生担保権者等それぞれの法定多数の同意にもとづき、債務の一部免除や支払猶予を受ける方法です。

　租税滞納処分に基づく差押えを回避することや担保権者を手続に拘束することが可能な点において、債務者に対し、民事再生手続よりも強力な保護が与えられています。

　もっとも、更生計画が裁判所により認可されるまで、通常は1年程度かかり、民事再生手続と比較して、裁判所に対する予納金も高額です。また、原則として、経営権に異動が生じます。

4　個人事業主の破産手続

　破産手続では、債務者の財産は、全て破産管財人により換価され、債権者に対して配当されるのが原則です。もっとも、個人破産の場合、債務者の必要最小限度の生活を保護するために、例外的に、債務者の財産の一部は、自由財産として、債務者の手元に留保されます。

　この場合、通常、自由財産として破産者の手元に留保される現金は99万円以下に抑えられますが、2011（平成23）年6月7日現在、政府・与党において、東日本大震災の特別法により、現金は400万円まで自由財産として留保さ

れる方向で検討が進められています。この資金を事業再出発のための資金として活用することも考えられるでしょう。

(吉田　武史)

Q04 中小企業の事業再建のための支援

> **津**波によって経営していた工場が破壊され、業績が急激に悪化しています。事業再建のために新たな資金が必要です。中小企業が、新たに資金の貸付、保証等を受けることが可能な制度はないでしょうか。

> **A** 震災の被害にあった事業者の事業再建を支援するべく、各種多様な支援制度が準備されています。

1　国による支援

　2011(平成23)年5月2日に成立した補正予算を受けて、国による各種支援制度が準備されました。同年5月12日に政府広報より発行された「事業主のみなさまの事業再建ハンドブック」において、事業の種類ごとに、各種支援制度の概要、問合せ先が紹介されています。

　また、同年6月6日現在、政府・民主党は、中小企業の再建支援策として、中小企業の債権を買い取り、債務の株式化や新規株式引受けなどで債務負担軽減や資金支援を行う「中小企業再生ファンド」を被災地各地に設立する方針を固めています。

　ファンドは、独立行政法人中小企業基盤整備機構が地元金融機関などと共同で設立する予定で、政府は同機構が発行する債券に保証を与え、ファンドの資金調達を支援するとされています。このファンドは平成23年度第2次補正予算において実現予定とされています。

2　県や地元金融機関による支援

　東日本大震災後、地元銀行が、事業者向け融資について、返済の猶予に応じていることや、被災地の県が、地元の金融機関と共同して、被災した中小企業向けの基金を画策していることが報道されています。今後、県や地元金融機関により、新たな支援制度が創設される可能性もあるため、動行に注意する必要があります。

（吉田　武史）

Q05　震災によるリース物件の毀損とリース料の支払い

当社ではコピー機や営業用の自動車をリース業者とリース契約を締結して利用していました。しかし、震災で、リースした物件がすべて壊れ、利用できなくなりました。このような状態でもリース料の支払いをしなければならないのでしょうか。

A　法的には貴社はリース業者に対して、一括して約定の規定損害金を支払う義務を負いますが、経済産業省からリース業者に対してリース料の支払猶予が要請されています。

1　リース契約とは何か

　リース契約とは特定の機械・設備を調達しようとするユーザーに対し、その購入資金を貸し付ける代わりに、リース業者が自己の名で機械・設備の販売業者から当該物件を購入し、それをユーザーに賃借（リース）して利用させ、ユーザーが約定の期間（リース期間）に支払うリース料により物件購入代金等を回収するものです。リース契約によって、節税効果が見込まれることやユーザーが購入代金等を一括払いすること回避できることから、企業間の取引で頻

繁に利用される契約類型です。

2　リース契約の終了と規定損害金

　リース期間中に物件が滅失しまたは毀損し修繕不能となった場合、リース契約は終了します。しかし、リース契約では、ユーザーは、滅失等が生じた原因を問わず不可抗力の場合であってもリース業者に対して契約に定める規定損害金（リース業者が物件滅失時に未だユーザーからリース料の形で回収していなかった物件購入価額および手数料を一括して回収するのに必要な金額として約款上定めた金額のこと。）を支払うべきものとされる規定が設けられています（リース標準契約書17条）。

3　リース標準契約書第17条の有効性

　リース標準契約書第17条のような規定が有効なのか疑問を感じるかもしれませんが、①リース契約は現実には金融取引でありリース料は経済的には貸付金の回収と変わりはないこと、②契約の当初からユーザーがリース物件を現実的に支配し利用していること、③リース業者が付保した損害保険の支払保険金の範囲でユーザーは規定損害金支払義務を免れるとされているため（リース標準契約書第14条第3項第2号）、ユーザーが負担する危険の範囲も限られていることから、この規定は有効であると一般に考えられています（大阪地判昭51・3・26判タ341号205頁）。

　したがって、一般的なリース契約に基づく限り、貴社はリース業者に対してリース料の支払義務は存続し、このため、一括して約定の規定損害金を支払う義務を負います。また、新たな物件の引き渡しをリース業者に求めることもできません。もっとも、リース業者が付保した損害保険に地震保険も含まれている場合には、支払保険金の範囲で規定損害金支払義務を免れます。

4　リース料の支払猶予

　しかし、このような事態に立ち至ると、今後事業を復活させるために新たなリースを必要とする反面、震災により負うことなった今までのリース料の支払いもしなければならず、事業継続の足枷とならざるを得ません。

　そこで、経済産業省は中小企業金融円滑化法の期限が延長されたことを踏まえ、平成23年4月1日、リース会社に対してリースに関する支払猶予や契約

期間の延長等の申込があった場合には柔軟な対応を行うように要請され、同月16日にも社団法人リース事業協会に対して同様の要請がなされています。この要請に基づいて、柔軟な解決が図れていることが同協会HPでも公表されています。なお、社団法人リース事業協会発表の平成23年5月31日付「「中小企業に対するリースの支払猶予」への対応について」では、平成22年10月1日から同23年3月31日までの集計期間中、支払猶予の申込総数1951件中1358件が支払猶予とされたとされています。

以上のように、貴社としてはリース料の支払猶予をリース業者に求めていくことがよりよい結果となると思料されます。

【参考文献】

- 江頭憲治郎『商取引法第5版』（平成21年・弘文堂）197頁以下
- 経済産業省ホームページ
  http://www.meti.go.jp/press/20110323003/20110323003.pdf

（青木　耕一・山内　隆）

Q06 震災による事業所の滅失と賃料

> 震災により事業所が全壊してしまいました。賃料を支払わなければならないでしょうか。また、事業所が半壊ないし津波による浸水で使えなくなった場合はどうでしょうか。

> **A** 事業所の建物を賃貸借していた場合、建物が全部滅失したと評価できる場合には、賃料を支払わなくてすみますが、それ以外の場合には、賃料を支払う必要があります。

1　事業所を賃借していた場合

(1) 建物全部が滅失したとき

　地震や津波により、事業所が全壊し、または、焼失・流失したなど、建物が滅失してしまったときには、貸主が借主に対して建物を使用・収益させる義務を履行することができなくなるため、賃貸借契約は当然に終了します（最判昭32・12・3民集11巻13号2018頁）。

　したがって、このようなときには、家賃を支払う必要はありません。

　建物が滅失したか否かの判断基準については、阪神・淡路大震災後の裁判例があります。裁判例には、賃貸借終了事由である建物の損壊について、「損傷により建物としての社会経済上の効用を喪失し、賃貸借契約を存続させることが社会通念に照らし相当でないと判断される場合をいい、建物の主要な部分が物理的に消失した場合はもちろんであるが、損傷した部分の修復が通常の費用によって可能な場合であっても、地震等により付近一帯の建物が損傷した等の事情により修復に時間を要するような場合には、当該建物の被災状況のみならず、地震に直接間接に関係した地域全体の被災状況や置かれた状況等の諸般の事情を総合考慮し、賃貸借契約を存続させることを相当とするような期間内に修復が可能か否か等の事情を加味して判断すべきである」としたものがあります（大阪高判平7・12・20）。

　もっとも、実際上、地震による倒壊や、津波による浸水被害については、建物が滅失したかどうか判断が困難なこともあり、訴訟で争われることもあります。

　なお、「滅失」というのは民法上の概念です。そのため、住家被害認定における「全壊」、「大規模半壊」、「半壊」、「一部損壊」などと結論が必ずしも一致するものではないことにも注意が必要です。

　また、建物が滅失した場合には賃貸借契約は終了するので、賃料を支払わなくてよい代わりに、借主は荷物を撤去してこれを明け渡す義務があるということになります。

(2) 建物が全部は滅失していないとき

　建物が全部は滅失せずに、残存する部分だけでも、賃借をした目的が達せられるのであれば、賃貸借契約は存続します。そうすると、事業所の明渡しをせずに、家賃を支払うことが考えられます。この場合は、賃借人は滅失部分の割合に応じて、賃料の減額を請求できます（民法611条1項）。

　他方で、地震や津波により、事業の一部が損壊したときには、残っている部

分では、建物を借りた意味がない、賃借の目的を達することができないということであれば、賃借人から賃貸借契約を解除して、家賃の支払いを免れることができます（同条2項）。

2 罹災都市借地借家臨時処理法の適用

　建物全部が滅失したときでも、罹災都市借地借家臨時処理法（以下「罹災法」といいます。）が適用されると、当然には賃貸借契約は終了しないことになります。なお、罹災法上の権利行使は、賃借している建物を明け渡した後であっても可能ですので、注意してください。

　なお、平成23年5月31日現在、東日本大震災に罹災法は適用されておりませんので、今後にご注意下さい。罹災法の規定には、現代の社会や私法体系に合わない部分が多く、現在改正を求める動きがあります。

　罹災法が適用されると、優先借地権（同法2条）、借地権優先譲受権（同法3条）、再築建物の優先借家権（同法14条）が認められる場合があります。

　このうち、再築建物の優先借家権は、建物が滅失した当時の建物の借主に、滅失後最初に築造された建物について、完成前に賃借の申出をすることによって、他の者に優先して、相当な条件で賃借することを可能にするものです。

　優先借地権は、建物の借主が、その建物の敷地または換地に借地権の存在しない場合、その土地の所有者に対し、罹災法の適用から2年以内に建物所有の目的で賃借の申出をすることによって、他の者に優先して、相当な借地条件で、その土地を賃借することができるというものです。

　借地権優先譲受権は、罹災建物の敷地またはその換地に借地権がある場合に、その借地権者に対し、罹災法の適用から2年以内に、借地権の譲渡の申出をすることによって、他の者に優先して、相当な対価で、その借地権の譲渡を受けることができるというものです。

3 事業所の土地を賃借していた場合

　土地がなくならない限り、建物が滅失しても借地権は消滅しません。そのため、賃料は支払う必要があります。しかし、地震や津波の影響で借地上の建物が滅失等している場合には、地代減額請求の上で考慮される事情に含まれると考えられますので、賃料の減額や支払いの猶予を求めて、借地権者との間で交渉等をすべきです。

なお、借地上の建物が消滅した場合に借地権が消滅するという特約は、無効とされています（借地借家法10条2項参照）。

（後藤　大）

第2節　手形に関する問題

Q07　震災と手形の呈示

手持ちの手形の決済をしたいのですが、手形交換所が被災し休業してしまい、手形の呈示ができません。どうすればよいでしょうか。

A 手形交換所が休業している場合であっても、手形交換所参加銀行の店舗が支払場所となっている手形を決済できる可能性がありますので、呈示が可能です。

1　全国銀行協会による措置

　一般社団法人全国銀行協会（以下、「全国銀行協会」といいます。）では、被災地の手形交換所が休業している場合に、主要手形交換所において手形交換参加地域を拡大して、休業手形交換所参加銀行の店舗が支払場所となっている手形も決済できるような措置を講じています。
　東日本大震災においては、岩手県、宮城県および福島県の主要手形交換所において手形交換参加地域を拡大する措置がなされました。

2　手形の呈示期間内に呈示ができなかった場合

手形法の呈示は、「支払ヲ為スベキ日又ハ之ニ次グ二取引日内」に行うことが必要です（手形法38条、77条1項3号）。

しかし、被災地の状況によっては、手形交換参加地域が拡大されるという措置が講じられても、所持している手形を営業している手形交換所に持ち込むことができず、呈示期間内に呈示することができない可能性もあります。

手形法では、不可抗力によって呈示期間に手形の呈示ができなかった場合でも、法定の手続を経ることによって呈示期間の伸長を認めていますので（手形法54条、77条1項4号）、この条文の趣旨に照らして、呈示期間が過ぎてしまった場合にも法定の手続を要することなく円滑な決済ができないか、支払銀行に対して相談してみましょう。

たとえば、旧全国銀行協会連合会（現在の全国銀行協会）が1974年（昭和49年）4月に定めた当座勘定規定ひな型には、「関係のある手形交換所で災害、事変等のやむをえない事由により緊急措置がとられている場合」に、「呈示期間を経過した手形についても当座勘定から支払うことができるなど、その緊急措置に従って処理するものとします。」との規定があります（25条2項）。したがって、支払銀行において上記ひな型と同様の規定がある場合には支払いを受けることができる可能性があります。

また、東日本大震災において、全国銀行協会の会員である金融機関各行が、全国銀行協会の要請に基づいて、呈示期間が経過した手形であっても、当分の間、交換持出等を実施している場合がありますので、取引銀行にご相談ください。

（鞠子　千春・矢野　亜紀子）

Q08　震災による資金繰り悪化と手形の決済

私が振り出した手形の支払期日が迫っているのですが、震災の影響で資金繰りが悪化し決済できそうにありません。不渡りとなってしまうのでしょうか。

A 残念ながら不渡りを確実に回避することはできませんが、不渡報告への掲載等が猶予される可能性があります。

1　不渡処分の原則

　資金繰りが逼迫したために手形の決済資金がなく、支払期日において手形支払いができない場合には、「資金不足」（第1号不渡事由）となり、手形は原則として不渡りとなります。さらに、1回目の不渡りとなった手形の交換日から6か月以内に2回目の不渡処分を受けた場合は、取引停止処分が出され、当該処分が出された日から起算して2年間の銀行取引停止という不利益を受けることになります。

2　東日本大震災における例外的措置

　ただし、今回の東日本大震災においては、金融庁から、「全手形交換所において、今回の災害のため不渡となった手形・小切手について、不渡報告への掲載等を猶予することとなったことを踏まえ、災害時における手形の不渡処分について配慮すること」という通達が出されており、全国銀行協会の会員である金融機関各行が、全国銀行協会の要請に基づいて、当分の間、各行の判断で不渡処分（不渡報告への掲載・取引停止処分）を猶予する場合がありますので、支払銀行に相談しましょう。

3　中小企業倒産防止共済

　逆に、手形を受け取っている側の会社が、東日本大震災により、予定していた売掛金の回収がができない場合は、どのような措置がなされているでしょうか。
　これまでも、中小企業倒産防止共済制度によって、取引先の会社が倒産（破産・民事再生等の法的整理、私的整理を指します。）したり、手形が不渡処分となったりして売掛金回収が困難となった場合に、共済契約者が、積み立てた掛金の最大10倍（最大で3200万円）を限度として、無担保・無利子・無保証人で共済金の貸付を受けられました。
　しかし、今回の東日本大震災に際しては、上記のとおり、不渡処分が猶予さ

れる場合がありますので、売掛金の回収ができないばかりか、共済金の貸付を受けることもできない状況が生じていました。そこで中小企業庁は、省令を改正して、「災害による不渡り」として、不渡処分が猶予されている手形等を持っている共済契約者も、共済金の貸付が受けられることとして、利用条件を緩和することとしています（中小企業倒産防止共済法施行規則10条の2）。

したがって、手形を受け取っている側の会社が、予定していた売掛金の回収ができない場合でも、中小企業倒産防止共済から共済金の貸付を受けることにより資金繰りの急激な悪化を防ぐことができる可能性があります。

（鞠子　千春・矢野　亜紀子）

第3節　労働に関する問題

Q09　一時帰休中の給与・兼業の扱い

> 震災の影響で、勤務先の会社から一時帰休を命じられました。一時帰休の間の給与は支払われるのでしょうか。また、一時帰休中にアルバイトをすると、懲戒解雇されませんか。

> A　やむを得ない一時帰休であれば、給与の支払いを受けることはできませんが、助成金による休業手当の支払いを求めることが考えられます。また、失業給付が支給される可能性があります。一時帰休の間のアルバイトは、原則として懲戒事由にはあたりません。

1　一時帰休中の賃金等請求権

一時帰休の実施が合理性を有する場合には、使用者が労働者からの労働の提供を拒んでも民法536条2項にいう「債権者の責めに帰すべき事由」が存在せず、労働者は賃金請求権を有しません。

　一時帰休の合理性は、帰休制実施によって労働者が被る不利益の程度、使用者側の帰休制実施の必要性の内容・程度、労働組合等との交渉の経緯、他の労働組合または他の従業員の対応等を総合考慮して判断されます（横浜地判平12・12・14労判802号27頁、宇都宮地裁栃木支決平21・5・12労判984号5頁）。

　ただし、就業規則において一時帰休の場合に平均賃金の一部または全部を支払う旨の規定がある場合には、それに従って賃金の一部または全部の支払いを受けることができます。また、休業手当の保障における「使用者の責めに帰すべき事由」（労働基準法26条）は、民法536条2項にいう「債権者の責めに帰すべき事由」よりも広く、使用者側に起因する経営、管理上の障害も含まれるので（最判昭62・7・17民集41巻5号1283頁）、一時帰休の実施が合理性を有する場合でも、休業手当（平均賃金の60％以上）を受けられる可能性があります。

	雇用調整助成金（雇用保険法施行規則102条の3）	中小企業緊急雇用安定助成金（雇用保険法施行規則附則15条）
制度概要	経済上の理由により事業活動の縮小を余儀なくされた事業主が、労働者の雇用を維持するために休業等を実施し、休業に係る手当等を労働者に支払った場合に、それに相当する額の一部を助成する制度	中小企業向けに雇用調整助成金制度を拡充した制度
助成率（労働者に支払った手当等に相当する額に対して）	原則3分の2 解雇等を行わない場合は4分の3	原則5分の4 解雇等を行わない場合は10分の9
	上限額は1人1日あたり7,505円	
主な受給要件（休業の場合）	①経済上の理由により事業活動が縮小したこと（売上高または生産量の最近3カ月の月平均値がその直前3カ月または前年同期に比べ5％減少していること等）	①経済上の理由により事業活動が縮小したこと（売上高または生産量の最近3カ月の月平均値がその直前3カ月または前年同期に比べ5％減少していること（ただし直近の決算等の経常損益が赤字であれば5％未満の減少でも可））
	②雇用保険の適用事業主であること ③事業主が自ら指定した対象期間内（1年間）に行われるものであること ④従業員の全一日の休業または事業所全員の一斉の短時間休業を行うこと ⑤休業手当の支払いが労働基準法26条に違反していないもの ⑥労使間の協定による休業であること	

2　雇用調整助成金等を利用した休業手当、失業給付の支給

　一時帰休中に休業手当を支払う事業主に対しては、雇用調整助成金または中小企業緊急雇用安定助成金が支給される可能性があるので、あなたは事業主に対して、この制度を利用した休業手当の支払いを求めることが考えられます。

　東日本大震災の特例として、①青森、岩手、宮城、福島、茨城、千葉、新潟、長野の9県のうち災害救助法適用地域に所在する事業所、②上記①の事業所と一定規模以上（総事業量等に占める割合が3分の1以上）の経済的関係を有する事業所、③上記②の事業所と一定規模以上（総事業量等に占める割合が2分の1以上）の経済的関係を有する事業所の場合は、最近1カ月の生産量などがその直前1カ月前または前年同期と比べ5%以上減少していれば受給対象となる等があります（平成23年3月17日付け職発0317第2号、平成23年4月5日付け職発0405第16号）（厚生労働省ホームページ　http://www.mhlw.go.jp/general/seido/josei/kyufukin/dl/110411_qa.pdf）。詳細な要件や手続書類（休業等実施計画届等）については、最寄りのハローワークまたは都道府県労働局に相談するとよいでしょう。

　詳細な要件や手続書類（休業等実施計画届等）については、最寄りのハローワークまたは都道府県労働局に相談するとよいでしょう。

　また、災害救助法や激甚災害法の特例措置により、休業や一時的な離職の場合に失業給付（雇用保険）が支給される可能性もあります。もっとも、失業給付を受け取るとそれまでに既に掛けた失業保険年数がゼロとなるため、復職後に不利益が生ずることもあります（失業給付の詳細は、第3章第3節Q15（114頁）参照）。

3　一時帰休中のアルバイトと懲戒

　就業規則上の兼業禁止規定は、一時帰休中には及ばないので、他社への就業やアルバイトをしても、原則として懲戒事由にはあたりません。

　もっとも、あなたが使用者に対して職務専念義務または忠実義務を負う立場にある場合には、使用者の許可なく競業会社の役員に就任することは、使用者に対する重大な義務違反として懲戒事由にあたる可能性があります（東京地判平3・4・8労判590号45頁）。

【参照文献】
・厚生労働省「東日本大震災に伴う雇用調整助成金の活用Q＆A」
http://www.mhlw.go.jp/general/seido/josei/kyufukin/dl/110411_qa.pdf
・厚生労働省「東日本大震災に伴う雇用調整助成金の特例」
http://www.mhlw.go.jp/general/seido/josei/kyufukin/dl/joseikin_tokurei.pdf

(稗田　さやか)

Q10　計画停電・節電による休業中の休業手当

計画停電や節電による勤務先の休業のために仕事ができなかった場合、休業手当は、もらえるでしょうか。

A　計画停電により停電の時間中を休業とする場合、休業手当の支払いは受けられません。計画停電の時間帯以外の時間帯を含めて1日全部を休業とする場合は、原則として、休業手当の支払いを受けることができます。

1　停電の時間中を休業とする場合

使用者の責めに帰すべき事由による休業の場合においては、使用者は、休業期間中、労働者に、その平均賃金の60％以上の手当を支払わなければなりません（労働基準法26条）。

厚生労働省の通達によれば、計画停電の時間帯における事業場に電力が供給されないことを理由とする休業については、原則として同法26条の使用者の責めに帰すべき事由による休業には該当しません（平成23年3月15日付け基監発0315第1号）。したがって、労働者は使用者から、休業手当の支払いを受けることはできません。

もっとも、就業規則において使用者の責めに帰すべき事由による休業の場合であっても休業手当を支払う旨が定められている場合には、休業手当の支払いを受けることができます。

　また、計画停電の実施を受けて事業活動が縮小した場合、事業主が休業等を実施することにより労働者の雇用の維持を図った場合には、雇用調整助成金等を利用することができます（雇用調整助成金等の詳細については、本節 Q 09 一時帰休中の給与・兼業の扱い（15 頁参照）。

2　停電以外の時間帯も含めて休業する場合

　厚生労働省の通達によれば、計画停電の時間帯以外の時間帯の休業は、原則として労働基準法 26 条の使用者の責めに帰すべき事由による休業に該当します。

　ただし、計画停電が実施される日において、他の手段の可能性、使用者としての休業回避のための具体的努力等を総合的に勘案し、計画停電の時間帯のみを休業とすることが企業の経営上著しく不適当と認められるときには、計画停電の時間帯以外の時間帯を含めて、原則として使用者の責めに帰すべき事由による休業には該当しないとされています（平成 23 年 3 月 15 日付け基監発 0315 第 1 号）。

　したがって、原則として、計画停電の時間帯のみを休業とすることが企業の経営上著しく不適当と認められる場合を除き、労働者は使用者から休業手当の支払いを受けることができます。

3　節電に協力するために休業する場合

　政府は、東京電力・東北電力管内の事業者および個人に対し、ピーク期間・時間帯（2011 年 7 月から 9 月の平日の午前 9 時から午後 8 時）の最大使用電力を 15％需要抑制する目標を設定し、小口需要家に対しても節電のための具体的取組に関する自主的な計画の策定を求めています（平成 23 年 5 月 13 日付け電力需給緊急対策本部「夏期の電力需給対策について」。経済産業省ホームページ　http://www.meti.go.jp/earthquake/electricity_supply/0513_electricity_supply_02_00.pdf）。また、上記管内の契約電力 500kw 以上の大口需要家は原則として、電気事業法 27 条に基づき上記期間・時間帯の電力使用が制限（昨年の同期間・時間帯における使用最大電力の値（1 時間単位）

の15％削減値を上限として制限）されます（電気使用制限等規則（平成23年経済産業省令第28号）、「使用最大電力の制限に係る経済産業大臣が指定する地域、期間等」（平成23年経済産業省告示第162号）。

このように節電対策があらかじめ求められている状況においては、所定労働時間の短縮、所定休日の見直しや上記電力需要抑制期間外への事業活動の振替等（なお、労働基準法32条の4の変形労働制に関する労使協定の解約・変更も、平成23年5月31日付け基発0531号第5号により、節電対策のための特例として認められています。）の対応が考えられることから、節電に協力するための休業は、原則として使用者の責めに帰すべき事由による休業に該当すると考えられ、労働者は使用者から休業手当の支払いを受けることができると考えてよいでしょう。

【参照文献】
- 厚生労働省「計画停電が実施される場合の労働基準法第26条の取扱いについて」平成23年3月15日基監発0315第1号
  http://www.mhlw.go.jp/bunya/roudoukijun/other/dl/110316a.pdf
- 厚生労働省「節電に向けた労働時間の見直し等に関するQ＆A」
  http://www.mhlw.go.jp/stf/houdou/2r9852000001e2f6.html#1-5
- 電気使用制限等規則（平成23年経済産業省令第28号）
  http://www.meti.go.jp/earthquake/shiyoseigen/pdf/gaiyo110601-04.pdf
- 「使用最大電力の制限に係る経済産業大臣が指定する地域、期間等」（平成23年経済産業省告示第162号）
  http://www.meti.go.jp/earthquake/shiyoseigen/pdf/gaiyo110601-05.pdf

（稗田　さやか）

Q11 派遣労働者の解雇の可否

私は派遣社員ですが、震災の影響を理由として、派遣先から来なくてよいと言われました。私は失業してしまうのでしょうか。

A 派遣元事業主との間の労働契約は当然には終了せず、失業にはなりません。派遣労働者は、派遣元事業主に対し、①新たな就業機会の確保、②休業等による雇用維持を要求することができます。派遣元事業主による解雇は、解雇の要件を満たさなければ無効です。

1 派遣元事業主の雇用継続義務

　派遣先企業と派遣元事業主の労働者派遣契約が解除されても、派遣元事業主と派遣労働者との間の労働契約は、直ちに終了するものではありません。
派遣元事業主は、派遣先から労働者派遣契約の契約期間満了前に契約解除が行われた場合、直ちに派遣労働者を解雇するのではなく、他の派遣先を確保する等、派遣労働者の新たな就業機会を確保しなければなりません。派遣元事業主が新たな就業機会を確保することができない場合は、まず、休業等を行い、平均賃金の60％以上の休業手当の支払い（労働基準法26条）を行う必要があります（「派遣元事業主が講ずべき措置に関する指針」（平成11年労働省告示第137号）第2の2(3)）。
　なお、派遣先企業も、派遣元事業主との労働者派遣契約を派遣先企業の責めに帰すべき事由により中途解除する場合には、相当の猶予期間をもって解除を申し入れるとともに、関連会社での就業をあっせんする等により派遣労働者の新たな就業機会の確保を図ることが必要であり、派遣労働者の新たな就業機会の確保を図ることができない場合には、派遣元事業主に対して損害を賠償する必要があります（「派遣先が講ずべき措置に関する指針」（平成11年労働省告

示第138号）第2の6(2)(3)(4)）

　震災の影響に伴う経済上の理由により事業活動の縮小を余儀なくされた派遣元事業主が、派遣労働者の雇用維持のために休業等を実施し、休業手当を支払った場合には、雇用調整助成金または中小企業緊急雇用安定助成金を利用できることがあります（雇用調整助成金等の詳細については、本節Q 09 一時帰休中の給与・兼業の扱い（15頁）を参照して下さい）。

2　解雇の要件

　派遣元事業主が、休業等でも対応ができず派遣労働者を期間途中で解雇する場合であっても、客観的に合理的な理由を欠き、社会通念上相当と認められない解雇は、無効です（労働契約法16条）。

　また、期間の定めのある労働契約については、やむを得ない事由がある場合でなければ、期間途中で解雇することはできません（同法17条1項）。派遣先での業務ができなくなったり、派遣先との間の労働者派遣契約が中途解除されたりしたことは、直ちにこの「やむを得ない事由」に該当するものではありません。

　さらに、派遣元事業主が解雇をしようとする場合には、天変事変等のやむを得ない事由により事業の継続が不可能となった場合等を除き、原則として、少なくとも30日以上前に解雇予告をするか、30日分以上の平均賃金を支払わなければなりません（労働基準法20条）。

【参照資料】

・厚生労働省「東日本大震災に伴う派遣労働に関するＱ＆Ａ」
　http://www.mhlw.go.jp/bunya/koyou/dl/shinsai0418.pdf
・厚生労働大臣から派遣労働者の雇用の安定について要請
　http://www.mhlw.go.jp/stf/houdou/2r98520000016av1.html
・「派遣元事業主が講ずべき措置に関する指針」（平成11年労働省告示第137号）
　http://www.mhlw.go.jp/general/seido/anteikyoku/jukyu/haken/youryou/dl/8shishin.pdf
・派遣先が講ずべき措置に関する指針（平成11年労働省告示第138号）
　http://www.mhlw.go.jp/general/seido/anteikyoku/jukyu/haken/

youryou/dl/9shishin.pdf
・「有期労働契約の締結、更新及び雇止めに関する基準」(平成15年厚生労働省告示第357号)
http://wwwhourei.mhlw.go.jp/cgi-bin/t_docframe.cgi?MODE=hourei&DMODE=CONTENTS&SMODE=NORMAL&KEYWORD=&EFSNO=821

(稗田　さやか)

Q12　震災による休業と休業手当

震災により、勤務先の仕事がなくなり、働くことができません。給料はもらえるでしょうか。

A　天災事変の場合にも就業規則や労使慣行等により給料が支払われることになっている場合には給与を支払ってもらうことができます。そうでない場合、使用者には、休業手当の支払義務が基本的にはないと考えられますので、別途、失業手当の受給申請を行うことなどが考えられます。

1　労働契約や就業規則の内容の確認

　従来から、労働契約、労働協約、就業規則や労使慣行によって、今回のような天災地変の場合にも給料等が支払われていた場合には、労働者との合意や就業規則の変更等の適法な手続をとらない限り、使用者は給料を支払わなければなりません。したがって、まずはこのような規定や慣行があるかどうかを確認することが必要です。

2　震災と休業手当

　使用者は、その責めに帰すべき事由による休業の場合においては、休業期間

中、労働者に平均賃金の60％以上の休業手当を支払わなければなりません（労働基準法26条）。

しかし、東日本大震災は過去最大級の天災地変とされていますので、これによる被災を直接の原因とする休業は、使用者の責めに帰すべき事由によるものということは困難です。したがって、この場合は、使用者に休業手当の支払義務はないと考えられます。

もっとも、東日本大震災によって直接的な被害を受けていないものの、取引先が被害を受けたなどにより休業する場合、原則として使用者の責めに帰すべき事由による休業として休業手当の支払が必要になります。したがって、休業がどのような原因によるものかを明らかにすることが必要です。

3　震災と失業手当等

事業所が震災を受けたことにより休止・廃止したために休業を余儀なくされ、賃金を受けることができない労働者は、実際に離職していなくても失業給付（雇用保険の基本手当）を受給することができます。したがって、雇用保険に加入している場合には、ハローワークに失業給付の申請を行うことが可能です。

【関連資料】
・厚生労働省ホームページ「平成23年東北地方太平洋沖地震に伴う労働基準法等に関するＱ＆Ａ（第1版）」
（http://www.mhlw.go.jp/stf/houdou/2r98520000014tr1-img/2r98520000015fyy.pdf）

（遠藤　治）

Q13 震災によるケガと給与の支払

震災でケガをして仕事ができません。給料はもらえるでしょうか。

A ケガにより労務を提供することができなければ、原則として給与の支払いを受けることはできません。ただし、健康保険から傷病手当金等の給付を受けることができます。また、震災によるケガが労災と認められれば、休業補償等の給付を受けることができます。

1 ノーワーク・ノーペイの原則

労働契約は、労働者が労務を提供し、これに対して使用者が賃金を支払うことを内容とする契約ですから、労働者において労務の提供ができない場合には、給料の支払いを受けることはできません。この場合、療養による欠勤が長期に及ぶ場合には、会社から傷病休職を命じられることがありますが、この場合にも一定額の給与を支払うといった内容の就業規則等が存在する場合には、それに基づいて給与が支払われることになります。

2 健康保険からの傷病手当金

震災によるケガのため労務不能となり、療養のため働くことができなくなった場合、健康保険に加入していれば、傷病手当金の支給を受けることができます（健康保険法99条）。金額は1日につき標準報酬日額の3分の2に相当する額です。なお、標準報酬日額は標準報酬月額の30分の1の額であり、健康保険法40条に定められた等級に基づいて算定します。

3 労災保険に基づく保険給付等

健康保険からの給付は、震災によるケガが労働災害ではない場合についてのものですが、震災によるケガが労働災害といえる場合には、労働者災害補償法

に基づく給付を受けることができます。具体的には、療養補償給付（原則として療養の現物給付）、休業補償給付、傷病補償年金等の給付を受けることができます。

東日本大震災によってケガをした場合に、これが労働災害といえるかどうかについては、本章第3節Q3を参照して下さい。

（遠藤　治）

Q14 仕事中の震災によるケガと労災

仕事中、震災でケガをしました。労災はもらえるのでしょうか。

A 震災によるケガが業務を行っている最中であって、事業上施設の状況等からみて危険な環境下にあったことにより被災したと認められる場合、労働災害として労災補償給付を受けることができます。また、通勤の際に震災によってケガをした場合にも、通勤災害として労災給付を受けることができます。

1　労働災害該当性

労働者が業務上負傷を負った場合、業務災害として労災補償給付を受けることができます（労働者災害補償保険法7条1項1号）。業務上の災害といえるかどうかについて、労働基準監督署は、①業務命令に服している状態であったか（業務遂行性）、②当該労働者が、作業方法、作業環境、事業上施設の状況等からみて危険環境下にあることにより被災したものと認められるか（業務起因性）、の2つの要件から判断しています。

2　業務遂行性と業務起因性

(1) 業務遂行性

　東日本大震災が発生した際に仕事中であった場合には、通常、業務遂行性は認められます。また、休憩時間中であっても、会社の建物の中にいた時に地震や津波によって建物が倒壊したなどの場合も同様です。さらに避難指示に基づき避難をしている最中に負傷した場合も、仕事に付随する行為として業務遂行性は認められます。

　これに対し、震災当時休日であったような場合には業務遂行性は否定されます。

(2) 業務起因性

　次に、東日本大震災による今回の負傷については、業務起因性が認められるのかが問題となりますが、震災や津波によって建物が倒壊するなどし、これによってケガをしたような場合は、そのような危険な環境下で仕事をしていたとして業務起因性は認められます。

3　通勤途上のケガ

　通勤災害も労災給付の対象となります。「通勤」とは、労働者が、勤務のため、住居と勤務場所との往復等を合理的な経路及び方法により行うことをいい、通勤による災害といえる場合に労災給付の対象となります。通勤によるものといえるかは、通勤に通常伴う危険が具体化したといえるかどうかで判断されます。

　自動車や電車等による通勤途中に震災によって被災した場合には、通勤災害に該当します。また、震災によって避難所から勤務先に通勤していた場合も「通勤」に該当します。さらに、被災の状況がわからない場合でも、明らかに通勤とは別の行為を行っている場合でなければ通勤災害となります。したがって、まずは労災の請求を行ってみるのがよいと考えられます。

【関連資料】

・厚生労働省ホームページ「東北地方太平洋沖地震と労災保険Q＆A」
　（http://www.mhlw.go.jp/stf/houdou/2r98520000015vli-img/2r9852000001653g.pdf）

（遠藤　治）

Q15 震災による解雇・雇止めと失業給付

津波によって勤務先工場が破壊され、勤務先の事業継続が困難となり、失業しました。何か給付を受けることができますか。

A 失業した理由が、解雇や雇止めの場合には、その有効性が問題になります。震災の影響により休職や離職を余儀なくされた場合には、失業給付を受けられる場合があり、未払賃金について立替払いを受ける制度もあります。

1 震災による解雇や雇止め

事業所が被災し、経営者と連絡がとれないような場合であっても、労働契約は当然には消滅せず、労働者は、勤務先に対して労務を提供する代わりに賃金を受ける権利を有しています。

また、使用者から解雇または雇止めを通知された場合であっても、震災を理由とすれば無条件に解雇や雇止めが許されるというものでもありません。解雇や雇止めの有効性を検討する必要があります。

2 期間の定めがある労働契約

期間の定めがある労働契約について、「使用者は、期間の定めのある労働契約について、やむを得ない事由がある場合でなければ、その契約期間が満了するまでの間において、労働者を解雇することができ」ません（労働契約法17条）。「やむを得ない事由の有無」については、後述する期間の定めのない労働契約の場合よりも、厳しく判断されることになります。また、形式的には有期労働契約の終了に伴う雇止めであっても、期間の定めのない契約と実質的に異ならないといえる場合や、反復更新の実態、契約締結時の経緯等から雇用を継続することの合理的期待が認められる場合には、解雇権濫用法理が類推適用される場合があります。

3　期間の定めのない労働契約

　期間の定めのない労働契約の「解雇は、客観的に合理的な理由を欠き、社会通念上相当であると認められない場合は、その権利を濫用したものとして、無効」とされています（労働契約法16条。解雇権濫用法理）。

　震災により被災した企業が存続はしているものの、従前の経営状態を継続することができないとして余剰人員削減のためになされる解雇は、整理解雇の法理により、①人員整理の必要性、②解雇回避努力義務の履践、③被解雇者選定基準の合理性、④解雇手続の妥当性、という4つの事項を考慮して、その有効性を判断することになります。

　他方、企業を存続することが不可能であるとして、法人が解散等によって消滅する場合の解雇については、企業廃止に伴うものであることが「客観的に合理的な理由があり、社会通念上相当として是認できる場合」にあたると考えられます。

4　解雇予告手当

　解雇が有効とされる場合であっても、事業所が直接に被害を受け、事業の全部または大部分の継続が不可能になった場合で、かつ、労働基準監督署長の認定を受けたときでない限り、解雇予告手当の支払いを受ける権利を有します（労働基準法20条）。

5　雇用保険

　解雇等により離職した場合には、所定の雇用保険手当を受領することができます。

　また、就業していた事業所が災害により休止・廃止したために、休業や一時的離職を余儀なくされ、賃金を受けることができない状態にある場合には、事業再開後の再雇用が予定されていて失業したといえないような場合であっても、雇用保険の特例措置（激甚災害に対処するための特別の財政援助等に関する法律25条）により、雇用保険の基本手当を受給することができます。

　なお、特例措置を利用して雇用保険の支給を受けると、原則として、特例措置による雇用保険受給前の雇用保険加入期間が通算されなくなりますので、注意が必要です。

6　未払賃金の立替払い

　災害救助法2条の適用対象地域（東京都を除く）に、本社機能を有する事業所がある中小企業が、地震災害によって事業活動が停止し、再開する見込みがなく賃金支払能力もない場合には、地震災害により退職を余儀なくされ、賃金が未払になっている労働者に対し、独立行政法人労働者健康福祉機構による賃金の立替払いが行われる場合があります（賃金の支払いの確保等に関する法律7条）。倒産状態であることについて労働基準監督署長の認定を受ける必要がありますので、退職してから6カ月以内に労働基準監督署に申請してください（同法施行令2条4号、同法施行規則9条4項）。

（米田　龍玄）

Q16　震災による採用内定の取消し

津波によって勤務先工場が破壊され、勤務先の事業継続が困難となり、採用内定を取り消したいとの連絡を受けました。どうすればよいでしょうか。

A　学校やハローワークに相談し、内定を取り消さないよう働きかけてみてください。客観的に合理的で社会通念上相当と認められなければ、内定の取消しが無効とされる場合があります。

1　政府の要請

　東日本大震災後には、平成23年3月22日に、厚生労働大臣・文部科学大臣連名で、「採用内定を得ている被災地の新卒者等が、可能な限り入社できるよう、また、可能な限り予定していた期日に入社できるよう最大限努力すること」等について要請がありました。
　まずは、学校やハローワークに相談しながら、内定先に上記要請の趣旨を説

明して、内定を取り消さないよう理解を求めることが考えられます。

2 採用内定の取消しの有効性

　採用内定は、解約権留保付始期付労働契約とされています（最判昭55・5・30民集34巻3号464頁）。内定の取消しは、内定通知書や誓約書に記載された採用内定取消事由が発生したことを理由に行われますが、具体的事案に則し、使用者が、留保された解約権を行使することが許されるかが問題となります。留保解約権行使による採用内定の取消しは、「解約権留保の趣旨、目的に照らして客観的に合理的と認められ社会通念上相当として是認できる場合に限られ」（最判昭和54・7・20判時938号3頁）、そうでない限り、解雇権を濫用したものとして無効となります。

　企業が存続することを前提として行う採用内定取消しの有効性判断にあたっては、①人員整理の必要性があるか、②解雇回避努力義務を履行したか、③被解雇者選定基準の合理性、④解雇手続きの妥当性を考慮する整理解雇の法理に準じて考えることになります。

3 震災による内定取消し

　上記判断基準に照らせば、事業所が流されたという事案では、別の事業所での就業が可能かといった点を判断する必要があります。震災の影響で売上が低下し、資金繰りが悪化したという事情だけでは、直ちに内定取消しが有効とは言い切れません。

　他方、既に雇用している従業員でさえ整理解雇を行わざるを得ない状況下にあっては、内定取消しも有効であると判断される可能性があります。

　なお、新卒者について内定取消しを行うには、あらかじめ所轄のハローワークおよび学校に所定の様式によって通知する必要があります（職業安定法施行規則35条2項）。

（米田　龍玄）

Q17 避難地域内にある職場への出勤の義務

職場が原発の避難地域内にありますが、放射能による被ばくが心配でたまりません。私は、出勤しなければならないのでしょうか。

A あなたに出勤の義務があるかどうかは、避難地域ごとに考える必要があります。なお、事業所が休業していないのに欠勤した場合に、賃金や休業手当をもらうことはできません。

1 避難地域

　平成23年4月22日午前0時に、福島第一原子力発電所から半径20km圏内は「警戒区域」に設定され、同区域への立入禁止と、同区域からの退去が命じられました（原子力災害対策特別措置法28条2項・災害対策基本法63条1項）。

　また、同日、同発電所から半径20kmから30km圏内について、それまで指示されていた「屋内への退避」が解除されて、「計画的避難区域」および「緊急時避難準備区域」が設定されました（原子力災害対策特別措置法20条3項）。

　計画的避難区域内の居住者等は、原則としておおむね1カ月程度の間に順次同区域外へ避難のための立ち退くよう指示されています。

　緊急時避難準備区域内の居住者等は、常に緊急時に避難のための立退き、または屋内への退避が可能な準備を行うよう指示されています。また、引き続き自主的避難を行うことが求められ、保育所、幼稚園、小中学校および高等学校は、休所、休園、休校とされますが、勤務等のやむを得ない用務等を果たすために同区域内に入ることは妨げられないとされています。

　以下、①警戒区域、②計画的避難区域、③緊急時避難準備区域、④従前、屋内退避区域とされていて②または③に指定されなかった地域（「旧屋内退避区

域」)ごとに検討します。

2　出勤の要否

(1)　**職場が警戒区域内にある場合**

　職場が警戒区域内にある場合には、出勤は物理的に不可能であり、出勤の義務はありません。この場合、使用者の責めに帰すべき事由による休業に該当せず(労働基準法26条)、ノーワーク・ノーペイの原則に従い、賃金や休業手当は支払われません。

(2)　**計画的避難区域内にある場合**

　計画的避難区域内にある場合には、区域内から順次立ち退くことを指示されていますので、この指示に従って立退きを行うことに伴い、事業所が休業すれば、出勤の義務はなくなります。この場合に、使用者の責めに帰すべき事由による休業に該当しないことは、(1)と同様です。

(3)　**緊急時避難準備区域にある場合**

　緊急時避難準備区域では、自主的避難を行わない住民は通常の生活を続けることが想定されています。勤務のために区域内へ入ることも妨げられません。そのため、事業所が休業していないのであれば、原則として出勤の義務はあり、労使協議によるか、就業規則の定めに従い休暇を申請する等しない限り、欠勤扱いとなります。もっとも、同区域内の居住者には政府から引き続き自主的避難が求められており、この求めに従って自主的避難をしたことにより、出勤できなくなる場合には、柔軟に考える必要があると思われます。

　上記のとおり、同区域内では、事業活動を継続することができると考えられていますので、使用者が休業する場合には、原則として、使用者の責めに帰すべき事由による休業に該当し、休業期間中は、休業手当として平均賃金の6割の手当が支払わなければなりません。

(4)　**旧屋内退避区域にある場合**

　旧屋内退避区域は、現在は、何の指示もない状態です。したがって、出勤の義務は免れません。もっとも、従来、屋内退避指示が出され、政府により自主的避難が積極的に促進されていたことから、これに従って自主的避難を行っている場合には、いつから出勤を再開すべきかについて、労使間で協議する必要があるでしょう。

　なお、(1)警戒区域や、(2)計画的避難区域内での業務であることを明示された

うえで労働契約を締結した場合に出勤の義務があることは、言うまでもありません。

3　雇用保険の特例給付制度

①警戒区域、②計画的避難区域、または③緊急時避難準備区域にある事業所が休業し事業を廃止したために、休業や一時的離職を余儀なくされ、賃金を受け取ることができない状態にある場合には、雇用保険の特例措置により、事業再開後の再雇用が予定されていて、失業したとはいえないような場合であっても、雇用保険を受給することができます（激甚災害に対処するための特別の財政援助等に関する法律25条）。また、④旧屋内退避指示区域についても、当分の間の経過措置として、同様に雇用保険を受給することができます。

なお、特例措置を利用して雇用保険の支給を受けると、その後に雇用保険被保険者資格を取得した場合に、休業や一時離職の前の雇用保険加入期間は通算されませんので、注意が必要です。

4　賃金の立替払制度

①警戒区域、②計画的避難区域、③緊急時避難準備区域、④旧屋内退避区域内に、本社機能を有する中小企業の同地域内の事業所で従事していた労働者が、上記区域の設定により、退職を余儀なくされ、賃金が未払となっている場合には、独立行政法人労働者健康福祉機構から未払賃金の立替払がされる場合があります（賃金の支払の確保等に関する法律7条）。倒産状態であることについて労働基準監督署長の認定が必要ですので、退職してから6カ月以内に労働基準監督署に申請してください（同法施行令2条4号、同法施行規則9条4項）。

5　雇用調整助成金

失業を予防するために休業等を行った事業主に対しては、雇用調整助成金が助成される場合があります。

①警戒区域や②計画的避難区域は、計画的避難区域に指定される前に同助成金の利用を開始している場合を除き、助成の対象とはされていません。

（米田　龍玄）

Q18 従業員の解雇・雇止め

震 災により、会社の資金繰りが悪化し、雇用を維持できません。従業員を解雇・雇止めをすることは許されますか。施設や設備が直接的な被害を受けた場合の解雇・雇止めについても教えてください。

A 震災により、資金繰りが悪化し、雇用を継続できなくなった際、やむを得ず従業員を解雇・雇止めすることは法的に可能です。施設や設備が直接的な被害を受けた場合も同様です。

1 資金繰りが悪化した場合

(1) 期間の定めのない労働契約

　従業員との間で期間の定めのない労働契約を締結していた場合の従業員の解雇は、「客観的に合理的な理由を欠き、社会通念上相当であると認められない」と判断された場合は、無効になるという労働契約法16条の適用があります。

　この判断に際しては、①人員整理の必要性があるか、②解雇を回避する努力をしたか、③誰を解雇するかの選定基準が合理的か、④解雇手続は妥当か、という4つの要素が考慮されていますので、これらの点に配慮して解雇手続を行う必要があります。

　なお、解雇をせずに、従業員の休業等で対応する場合、休業手当等の支払いについては、雇用調整助成金および中小企業緊急雇用安定助成金を利用できる場合があります。

(2) 期間の定めのある労働契約（有期労働契約）

　パートタイム労働者や契約社員など、期間を定めて契約を締結している場合には、労働契約法17条1項の適用があります。

　有期労働契約期間中の解雇は、(1)の期間の定めのない労働契約の場合よりも、解雇の有効性は厳しく判断されることになります。

他方で、契約期間満了による雇止めについては、契約が形式的に期間を定めたものであっても、期間の定めのない契約と実質的に異ならない状態に至っている場合や、有期労働契約を反復して更新している実態、契約締結の経緯等から、雇用継続への合理的期待が認められる場合、期間の定めのない労働契約について、(1)の期間の定めのない労働契約についての法理（解雇の4要件）が類推適用されることがありますので、注意をしてください。

2 事業場の施設・設備が直接的な被害を受けた場合

事業上の施設・設備が直接的な被害を受け、その被害により、事業の全部または大部分の継続が不可能になった場合は、原則として、「天災事変その他やむを得ない事由のために事業の継続が不可能となった場合」（労働基準法19条・20条）に該当すると考えられています。

したがって、この場合、従業員の解雇は可能で、解雇予告手当も支払う必要がありません。

ただし、労働基準監督署長の認定が必要ですので、最寄りの労働基準監督署に確認してください。

3 原材料の仕入れや製品の納品が困難になった場合

なお、東日本大震災では、施設や設備は直接的な被害を受けていないけれども、取引先や鉄道・道路が被害を受け、原材料の仕入、製品の納入等が不可能になり、事業継続が困難となった結果、従業員をやむなく解雇するというケースが多くみられています。

この場合には、原則として「天災事変その他やむを得ない事由のために事業の継続が不可能となった場合」による解雇に当たらないと考えられています。

もっとも、取引先への依存の程度、輸送経路の状況、他の代替手段の可能性、災害発生からの期間等を総合的に勘案し、事業の継続が不可能となったとする事由が真にやむを得ないものであると判断される場合には、例外的に「天災事変その他やむを得ない事由のために事業の継続が不可能となった場合」に該当すると考えられます。この場合も最寄りの労働基準監督署にご相談下さい。

（後藤　大）

Q19 震災による退職時の未払賃金

震災により勤務先が倒産状態になり、退職することになりました。私には3カ月分の未払いの給与があるのですが、支払ってもらうことはできないのでしょうか。

A 職場が事実上の倒産状態になっている場合、未払賃金立替払制度を利用して、未払い給与を補填できる場合があります。

1 未払賃金立替払制度

震災により、事業主の事業が行えなくなり、賃金支払いのための資金がなく、賃金が未払いのまま退職することになった場合、独立行政法人労働者健康福祉機構（以下「機構」といいます。）の未払賃金立替払制度が利用できることがあります。

この制度は、機構が、未払賃金のうち一定の範囲を、事業主に代わって支払う制度です。東日本大震災に対応して、①申請に必要な書類の簡略化、②迅速処理などの運営がなされることになりました。

2 申請の条件

(1) 対象となる事業主

未払賃金立替払制度の対象となる事業主は、
① 被災地域に本社機能を有する事業所が所在している中小企業の事業主で、
② 地震による建物の倒壊等の直接的な被害（以下「地震災害」といいます。）により、事業活動が停止し、
③ 事業再開の見込みがなく、賃金支払資金がないもの
です。

(2) 対象となる労働者

① 対象となる事業主の被災地域に所在する事業場で使用されていた労働者で、
② 地震災害により退職を余儀なくされ、賃金が未払いとなっている労働者です。
③ 国籍や、パートタイマー労働者、アルバイトであるかを問いません。
④ 役員報酬を受けていた法人の役員は対象となりません。

3 支払いの範囲

(1) 立替払の対象

立替払の対象となるのは、毎月の給与支払日に支払われていた定期的な賃金と退職金です。ボーナス（賞与）は対象になりません。給与支払日が過ぎてもまだ支払われていない賃金が対象ですが、そのうち退職日から遡って6か月前の日以降の未払賃金が対象です。

(2) 控除金額

未払賃金の計算に際しては、税や社会保険料などが控除される前の金額が基準となりますが、社宅料など給与から差し引かれることがはっきりしている分については、控除されます。

(3) 立替払いされる金額

立替払いされる額は、未払賃金総額の80％ですが、年齢区分に応じた限度額があります。

退職日における年齢	未払賃金総額の限度額	立替払の上限額
45歳以上	370万円	296万円
30歳以上45歳未満	220万円	176万円
30歳未満	110万円	88万円

(4) 手続に必要な資料

労働基準監督署に、退職してから6カ月以内に、り災証明書など、事実上の倒産状態にあることがわかる資料とともに申請します。

賃金に関する書類が残っていない場合でも、支払状況が確認できればよいので、もし給与振込鋼材の通帳などがあれば、これを用意するなどして、最寄りの労働局または労働基準監督署に問い合わせてください。

なお、未払賃金立替払制度による立替え払いの申請は、遺族の方でもできます。このとき、亡くなったことがわかる死亡診断書等の資料や続柄がわかる戸籍謄本などの資料が必要になります。

（後藤　大）

第4章

相続、財産管理、生活支援等に関する問題

第1節 相続、遺族に対する給付、行方不明者の財産管理等に関する問題

Q01 相続人の順位と地位、内縁と相続

震災と津波で、親族や内縁の夫が亡くなりました。相続人は誰になりますか。

A 複数の親族が亡くなりその正確な死亡時刻の先後が不明なときは、同時に死亡したと推定され、相続人は代襲相続等の順位によって決められます。また、内縁の夫（妻）が亡くなっても、その配偶者に相続権は認められません。

1 同時死亡の推定

数人の者が死亡した場合において、そのうちの1人が他の者の死亡後になお生存していたことが明らかでないときは、これらの者は、同時に死亡したものと推定されます（同時死亡の推定。民法32条の2）。

相続には、相続開始（被相続人の死亡）の時点で、相続人が存在していなければならないという原則があります（同時存在の原則）。

したがって、複数の親族が亡くなり同時死亡の推定が働く場合、たとえ亡くなった者が親と子であっても、それらの者の間では相続が行われず、法の定める順位・地位により生存する相続人に相続されることになります。

もっとも、たとえば、親Aと子Bに同時死亡の推定が働く場合でも、子Bにさらに子Cがいれば、CはBを代襲して、Aの財産を相続することができます（民法887条2項）。

2　相続人の順位と地位

相続人となることができる順位と地位は次のとおりです。

(1)　血族の意味とその順位

血族とは、血のつながりのある人のことをいいます。血族には、自然血族（血縁によってつながる人）と法定血族（養親子関係にある人。養子は、養子縁組をした日から、養親と養親の血族との間に血族関係を生じます。）があり、姻族（一方の配偶者と他方の配偶者の血族の関係のことをいいます。）と区別されます。

相続の権利をもつ血族は、①被相続人の子（子が死亡している場合その代襲者）、②被相続人の親など直系尊属、③被相続人の兄弟姉妹（兄弟姉妹が死亡している場合その代襲者）であって、①から③の順番に相続人となります（民法887条、889条）。

(2)　配偶者

なお、被相続人の配偶者は、(1)の①から③の相続人と同順位で、常に相続人となります（民法890条）。

3　相続分（相続割合）

相続人が複数いる場合のそれぞれの相続分（相続割合）は、遺言で被相続人（死亡した人）の意思が明らかであればそれに従いますが、遺言による被相続人の意思が示されていない場合には、民法が次のように定めています（民法900条）。

① 　子と配偶者が相続人の場合：各2分の1
② 　配偶者と直系尊属が相続人の場合：配偶者が3分の2、直系尊属が3分の1
③ 　配偶者と兄弟姉妹が相続人の場合：配偶者が4分の1、兄弟姉妹が4分の1

4　内縁と相続

法律上の婚姻でない婚姻関係、すなわち婚姻届を提出しない婚姻関係である、いわゆる内縁関係にあった場合、その一方が死亡したとしても、判例は一貫してその配偶者には相続権を認めていません。

しかし、内縁の夫婦間に子がいれば、当然その子が相続人となります。

内縁の配偶者においては、その一方が死亡した場合、借家権や弔慰金、死亡退職金の受領等についてはその実態に即して、法律上の夫婦と同様に取り扱われる場合もあります。

（深澤　勲）

Q02 遺言の内容を調べる方法

> 亡くなった父親が生前に遺言書を作っておいたと聞いたのですが、津波で実家はがれきとなり、父の遺言書は見あたりません。遺言の内容を調べる方法はありますか。また、見つからない場合、どうなりますか。

> **A** 遺言書が公正証書によって作成されている場合には、最寄りの公証役場で、その遺言書の有無を調べることができますし、遺言書があることが確認できた場合、作成した公正役場でその遺言証書の謄本を交付してもらうことができます。

1　公正証書遺言の場合

遺言書が公正証書によって作成されている場合には、最寄りの公証役場において遺言書検索を行うことによってその遺言書の有無を調べることができます。

被相続人が、生前に公正証書遺言を作成していたかどうかは、最寄りの公証役場において検索してもらいましょう。その際、被相続人との関係を明らかにするため戸籍謄本等が必要になります。また、検索の結果、公正証書遺言があると判明した場合、当該遺言証書の謄本の交付を受けることができますが、その申請先は当該遺言証書を作成した公証役場となります。

2　自筆証書遺言の場合

　被相続人が、生前に自筆で遺言書を作成していた場合、その現物が見つからない限り遺言の効力は認められません。
　ただし、相続人が複数いる場合、相続人全員の協議により、生前の被相続人の意思を尊重して、相続財産の分割内容・方法を定めることができることは、当然です（協議分割）。

（深澤　勲）

Q03　相続放棄・限定承認と義援金・弔慰金の関係

　亡くなった親族は多額の負債を負っている可能性があるため、相続の手続きについてどうすべきか悩んでいます。また、相続放棄や限定承認をすると義援金や弔慰金を受け取ることができなくなりますか。

A　負債を引き継がないようにする手続きとして、相続放棄や限定承認の手続きをとることが考えられますが、相続財産がはっきりしない場合は、熟慮期間伸張の申立てをすることも考えましょう。相続放棄や限定承認をしたからといって、義援金や弔慰金を受けることはできなくなるわけではありません。

1　相続放棄・限定承認

　亡くなった親族に負債がある場合、その負債も相続財産の1つであるとされていますから、何の手続きもしない場合、相続人が被相続人の資産以外にその負債も相続してしまいます（単純承認）。
　しかし、単純承認の場合、かりに被相続人の負債がその相続した資産よりも

多い場合、相続人は自らの負債として支払う責任が生じてしまうため、そのような不都合を避けようとする場合、相続放棄と限定承認という手続きがあります。

相続放棄とは、被相続人の財産（資産も負債も含めて）を相続しないことをいいます（民法 938 条）。

限定承認とは、被相続人の資産をもってその債務を清算し、それでも資産が残るのであれば相続人が承継するという相続の方法です（民法 922 条）。

2　手続き・申述期間

相続放棄や限定承認は、熟慮期間内（原則として自己のために相続の開始があったことを知った時から 3 カ月以内）に、被相続人の（最後の）住所地または相続開始地を管轄する家庭裁判所に所定の申述書を提出することにより行います（民法 924 条、民法 938 条、家事審判規則 99 条）。

申述書の用紙や必要書類（戸籍等入手困難な場合は、申立て後に追完することも考えられます。）については、最寄りの家庭裁判所で確認することができます。

所定の期間（熟慮期間）内に相続放棄や限定承認の手続をとらなかった場合は、単純承認をしたものとみなされ（民法 921 条 2 号）、被相続人の債務を承継することになります。

もっとも、相続財産について調査困難な事情も考えられる今回の震災では、期間を経過してしまった場合でも、その起算点を遅らせる主張をすることによって、相続放棄や限定承認の申立てが認められる可能性もあります。

また、今回の震災で家族を亡くした被災者を対象に、手続を行う期間を今年の 11 月末まで延長する法案が提出されるなど、熟慮期間を延ばす立法の動きもあります。

なお、相続（相続放棄や限定承認）するか否かが判断つかない場合の手続として、家庭裁判所に対し、熟慮期間伸長の申立てをする方法もあります（申立書の用紙や必要書類などは家庭裁判所で確認することができます。）。これは相続人などの利害関係人や検察官の請求により、家庭裁判所に熟慮期間を伸長することを認めてもらう手続です。

3　義援金や弔慰金との関係

義援金や弔慰金は、一般に、それぞれ受領することができる遺族の順位および範囲を定めていますが、義援金や弔慰金は、相続人であるかどうかではなく、死亡した方や行方不明となった方のご遺族として、支給されるものです。

したがって、ご遺族義援金や弔慰金を受領することは、相続人である資格によって行う相続放棄や限定承認とは無関係ですから、相続放棄や限定承認をしたからといって、義援金や弔慰金を受けることができなくなるわけではありません。

(深澤　勲)

Q04 兄弟姉妹の遺族に対する金銭援助

兄弟2人で暮らしていましたが、震災で弟が亡くなりました。弟には私以外に親族はいません。唯一の遺族として、私が受けられる金銭支援はありませんか。災害弔慰金は受け取れますか。

A 法律では災害弔慰金を受け取れる遺族に兄弟姉妹は含まれておりませんが、地方自治体の条例に基づき兄弟姉妹も受給できる場合があります。また災害弔慰金が受け取れない場合でも、条例により見舞金や義援金が受け取れる場合があります。

1　災害弔慰金の支給等に関する法律

災害（自然災害で1市町村において住居が5世帯以上滅失した災害等）により亡くなった方の遺族は、災害弔慰金の支給等に関する法律（以下「法」といいます。）により災害弔慰金を受領できます。これは死亡した住民の住所地である（住民登録のある）各市町村が条例に基づいて支給するものです。

遺族の範囲、順位は、①配偶者、②子、③父母、④孫、⑤祖父母であり、兄弟姉妹は含まれていませんが、配偶者には戸籍上夫婦でなくても事実上婚姻関

係にあった者を含みます（法3条2項）。金額は、生計維持者が亡くなった場合は最高500万円、その他の方が亡くなった場合は最高250万円です（法施行令1条の2）。

　生死が分からない場合は、災害のやんだ後3カ月経てば、当該災害により死亡したものと推定して災害弔慰金を受け取ることができます（法4条）。

　法や施行令は、災害弔慰金の申請期限を定めておらず、いつでも請求できると解することができますが、この点は条例で制限している可能性もあります。したがって、市町村に問い合わせる必要があります。

2　兄弟姉妹に対する災害弔慰金の支給

　1で述べたように、法では兄弟姉妹は災害弔慰金の受給権者とされていませんが、市町村によっては兄弟姉妹の受給を認めているので、その確認をする必要があります。また、その受給が認められるように弁護士有志等が内閣総理大臣に要請している等の動きもあり、今後の行政の対応を注視する必要があるといえます。

3　その他の金銭援助

　災害弔慰金の受給が認められない場合でも、条例で兄弟姉妹である遺族に見舞金等の支給が認められている場合があります。また、公益財団法人等の団体による義援金や支援金を受領できる場合があります。まずは避難所を含む居住地の市町村で確認するのがよいでしょう。

（五島　丈裕）

Q05　行方不明者の財産管理

> **被**災した親せきの遺体が見つからず行方不明のままです。親せきの預貯金等はどのように管理すればよいですか。

> **A** 法定代理人がいる場合はその人が管理しますが、法定代理人がいない場合は財産管理人を選任する必要があります。その後相続が発生した場合は、相続人（相続財産管理人）が管理することになります。

1 行方不明者が成人の場合

　行方不明者が成人の場合、既に後見人や財産管理人がいればその人が財産を管理します。

　後見人や財産管理人がいない場合は、利害関係人（推定相続人、配偶者、債権者等不在者の財産、管理につき法律上の利害関係を有する者）または検察官の請求により、家庭裁判所に財産管理人を選任してもらい、その人が財産を管理することになります（民法25条）。

　しかし、財産管理人を選任してもらうまでの間、緊急に必要な財産の保存行為等を行うこともやむを得ない場合があり得ます。

　その場合は、その財産管理の性質に従って行方不明者本人の利益に適合する方法等で行い、本人、相続人または法定代理人が管理するに至るまでこれを続ける必要があります（事務管理。民法697条ないし700条）。

2 行方不明者が未成年の場合

　行方不明者が未成年の場合は、親（親権者）が法定代理人となり行方不明者の財産を管理します（民法818条、824条）。
親（親権者）が震災により亡くなっている場合、後見が開始して（民法838条1号）、後見人が財産を管理します（民法859条）。この点、遺言で未成年後見人が指定されていればその人が財産を管理し（民法839条、859条）、未成年後見人となるべき者がいない場合は、行方不明者の親族その他の利害関係人が家庭裁判所に請求して未成年後見人を選任してもらいます（民法840条）。

3 相続が発生した場合

　いつまでも生死不明の状態にしておくことが問題であるような場合、失踪宣告や認定死亡制度により死亡したものとすることにより相続を発生させること

が考えられます（本節 Q06 行方不明者の相続（10 頁）参照）。

　この場合は、相続人が財産を管理することになります（民法 918 条）。相続人がいない場合は、利害関係人または検察官が家庭裁判所に相続財産管理人の選任を申し立てることができます（民法 951 条ないし 953 条）。

4　弁護士への相談

　以上の手続きは、専門家である弁護士に任せるのが適切な処理です。本書末尾に記載された弁護士会の無料相談を積極的に利用しましょう。

（五島　丈裕）

Q06　行方不明者の相続

津 津波に襲われた町で被災した父の遺体が見つからず行方不明のままです。父名義の預貯金や株式を私たち家族のために使いたいと思っていますが、父の財産を相続できますか。

A 行方不明のままでは当然には相続は発生しないので、失踪宣告や認定死亡制度により死亡したものとして相続を開始させる必要があります。なお、労災保険、国民年金、厚生年金については、津波による行方不明者について 3 カ月で死亡したものとして支給できるように立法（改正）する動きがあります。

1　失踪宣告

　危難に遭遇した者の生死について危難が去った後 1 年間明らかでないとき（特別失踪）は、法律上の利害関係人（相続人や債権者等）の請求により、家庭裁判所が失踪の宣告をすることができます（民法 30 条 2 項）。失踪の宣告を受けた者は、特別失踪については危難が去った時に死亡したものとみなされ

（民法31条）、その結果、相続が開始します。

　もっとも、失踪宣告後、失踪者が生存していたり異なる時に死亡したりしたことの証明があれば失踪宣告は取り消され、失踪宣告により（相続等で）財産を得た者は現に利益を受けている限度で返還しなければならなくなります（民法32条）。

　なお、失踪宣告は行方不明者の権利能力まで奪うものではないので、生存している場合の生活には支障がありません。

　ただし、この失踪宣告の手続きは、裁判所に請求できるまでに1年間、その後の裁判手続き（調査、公示催告）で少なくとも数カ月かかるので注意が必要です。

2　認定死亡

　水難等の事変によって死亡した者がある場合には、その取調べをした官庁または公署（海上保安庁等）は、死亡地の市町村に死亡の報告をしなければならず、これにより報告書記載の内容で戸籍に死亡の記載がなされて死亡が推定されます（戸籍法89条、91条）。死亡が推定されると相続が発生します。海難事故の場合、親族からの認定申請と海難発生から3カ月以上経過していることが必要です。

　しかし、陸上で被災した場合にこの制度による死亡推定がなされるかは明らかではありません。

3　労災保険等の特別立法の動き

　労災保険、国民年金、厚生年金については、遺族が早期に遺族年金や遺族給付を受け取れるようにするため、津波による行方不明者について3カ月で死亡したものとして支給できるように立法（改正）する動きがあります。たとえば、平成23年5月2日に公布された「東日本大震災に対処するための特別の財政援助及び助成に関する法律」のうち、戦傷病者戦没者遺族等援護法（以下、「援護法」といいます。）に係る規定では、①行方不明となった者の生死が3カ月間分からない場合、②行方不明となった者の死亡が3月以内に明らかとなり、かつ、その死亡の時期が分からない場合、のいずれかにおいては、平成23年3月11日に死亡したものと推定して、援護法の遺族年金等の支給に関する規定を適用する、とされています（援護法92条）（本節Q08（139頁）参

照）。

（五島　丈裕）

Q07　後見人の死亡または行方不明

成年後見人が死亡してしまった場合や行方不明になっている場合、成年後見人の事務は誰が行うことになりますか。また、未成年後見人の場合はどうでしょうか。

A　いずれの場合も、家庭裁判所が成年後見人ないし未成年後見人を選任することになり、新しく選任された後見人が事務を行います。

1　成年後見人の死亡または行方不明

(1)　成年後見人の死亡

　成年後見人が死亡した場合は、「成年後見人が欠けたとき」にあたり、家庭裁判所は、成年被後見人若しくはその親族その他の利害関係人請求により又は職権で、成年後見人を選任することになります（民法843条2項）。

(2)　成年後見人の行方不明

　成年後見人が行方不明になっている場合は、後見人の欠格事由である「行方の知れない者」（民法847条5号）にあたります。後見人になった後に欠格事由が生じた場合、当然にその地位を失うものとされていますので（大決昭12・6・9民集16巻771頁）、この場合も「成年後見人が欠けたとき」として、成年後見人が死亡したときと同様に扱われることになります。ただし、一時的な行方不明は含まれないでしょう。

2　未成年後見人の死亡と行方不明

(1) 未成年後見人の死亡

　未成年後見人が死亡した場合は、「未成年後見人が欠けたとき」にあたり、家庭裁判所は、未成年被後見人又はその親族その他の利害関係人の請求によって、未成年後見人を選任します（民法840条）。なお、未成年後見人については、家庭裁判所の職権による選任は認められていません。

(2) 未成年後見人の行方不明

　未成年後見人が行方不明になっている場合は、後見人の欠格事由である「行方の知れない者」（民法847条5号）にあたりますので、後見人は当然にその地位を失い、「未成年後見人が欠けたとき」として、未成年後見人が死亡したときと同様に扱われます。

3　後見人選任の請求

　新しい後見人が選任されるまで、後見人の事務を行う者が一時的に不在となってしまいますので、早急に新しい後見人選任の請求をする必要があります。弁護士等の専門家に相談してください。

（岡村　崇）

Q08　被災者支援と死因の記載

被災した後、避難所生活を続けていた父が亡くなりました。父には以前から高血圧の持病があり、避難所の生活環境も決して良いものとは言えませんでした。この場合でも遺族として災害弔慰金の支払などの被災者支援は受けられるでしょうか。

A　死因が災害によるものと認められれば災害弔慰金などの被災者支援を受けられます。認定の資料となりうる死亡診断書（死体検案書）には、この点を留意して記載してもらう必要があります。

1　遺族に対する被災者支援

遺族に対する被災者支援として①災害弔慰金（本節Q04（133頁）や、②義援金、見舞金の支払も考えられ、支援以外でも、③生命保険の災害特約による受取金の増額などが考えられます。

いずれも亡くなった親族の死因が災害によるものと認められることが重要なポイントになります。

2　死因の記載

死亡の原因（死因）が記載される死亡診断書（死体検案書）等は、遺族として被災者支援を受けるのに必要な提出書類です。特に、死因の記載が重要になります。自然死（病死）と認定されるような記載があると、災害による死亡と認められない可能性があるからです。

死亡診断書（死体検案書）の死亡の原因欄は、最も死亡の原因となった傷病名等を医学的因果関係の順番に記入し、死因の種類には、①病死および自然死か、②外因死かなどを選択して記載するような体裁になっています。

そこで、死亡した方に元々重大な疾病があったとしても、震災による傷病や精神的ショック、震災後の避難所生活の外的要因による衰弱という事情があれば、あなたは、医師に対してこれらの事情を積極的に述べ、死亡診断書（死体検案書）にその旨の記載をしてもらうことが必要です。

なお、「死亡の原因」欄に「詳細不明」と書かれた場合であっても、あきらめてはいけません。死因に関係するわかる限りの状況を「その他特に付言すべきことがら」欄に記入することが考えられます。したがって、上記のような震災による事情をここに記載してもらうように留意する必要があります。

（五島　丈裕）

第2節　生活援助に関する問題

Q09 各種の援助を受けようにも身分証明ができない

津波によって家が流されてしまい運転免許証などの身分証明書が手元にないのですが、被災者であることを証明して、各種の援助を受けるにはどうしたらよいでしょうか。

A 運転免許証については、再発行の申請ができます。各種の援助を受けるには、市町村が発行するり災証明書や被災証明書を取得するとよいでしょう。

1　運転免許証の再発行

(1)　再発行

「り災証明書」または「てん末書」（書式は警察署で配布しています）を提出すれば、住民票等がなくても、運転免許証の再発行申請ができます。被災地以外の都道府県に避難している場合でも、避難先で再交付申請が可能です。また、多くの県で手数料の免除申請を受け付けているので、申請をするとよいでしょう。

(2)　期間延長

平成23年3月11日以降に運転免許証の有効期間が切れても、一定の地域にお住まいの方（＊本項末尾「運転免許証有効期限延長対象地域」参照）については、同年8月31日までは、有効期間が延長されることになりました。有効期間の延長をするのに特別の手続きは必要ありませんが、8月31日までに更新手続きを行わないと、9月1日以降は失効してしまうので、8月31日までに更新手続きが必要です。その他、各種講習の受講や、運転免許試験の取扱い

についても延長措置が取られているので、最寄りの警察署や運転免許試験場まで問合わせてください。

(3) 注意点

避難先で免許証の再発行または更新手続きをする場合、避難先を住所地とする運転免許証が発行されることに注意してください。

＊ 運転免許証有効期限延長対象地域

県名	市町村名
青森県	八戸市および上北郡おいらせ町
岩手県	全ての市町村
宮城県	全ての市町村
福島県	全ての市町村
茨城県	水戸市、日立市、土浦市、石岡市、龍ヶ崎市、下妻市、常総市、常陸太田市、高萩市、北茨城市、笠間市、取手市、牛久市、つくば市、ひたちなか市、鹿嶋市、潮来市、常陸大宮市、那珂市、築西市、稲敷市、かすみがうら市、桜川市、神栖市、行方市、鉾田市、つくばみらい市、小美玉市、東茨城郡茨城町、大洗町および城里町、那珂郡東海村、久慈郡大子町、稲敷郡美浦村、阿見町および河内町ならびに北相馬郡利根町
栃木県	宇都宮市、小山市、真岡市、大田原市、矢板市、那須塩原市、さくら市、那須烏山市、芳賀郡益子町、茂木町、市貝町および芳賀町、塩谷郡高根沢町ならびに那須郡那須町および那珂川町
千葉県	千葉市（美浜区に限る。）、旭市、習志野市、我孫子市、浦安市、香取市、山武市および山武郡九十九里町
新潟県	十日町市、上越市および中魚沼郡津南町
長野県	下水内郡栄村

2　り災証明書と被災証明書

(1) り災証明書

り災証明書とは、被災者の申請により市町村が発行する書類で、被災者生活再建支援制度による給付金の支給等、各種の被災者支援制度の適用を受けるにあたって必要な書類です。り災証明書によって証明されるのは、原則として、所有・賃借を問わず、人が住居として使用している建物（以下、「住家

（じゅうか）」といいます。）が、災害により被災したことおよび被害の程度です。

　り災証明書の発行には、東日本大震災では判定が簡略化されているものの、住家が全壊・大規模半壊・半壊・一部損壊したことの認定が必要であり（第1章第2節Q07（16頁）参照）、多くの市町村では、申請に際して、損壊の程度がわかる写真や、建物の図面の提出をするように求めています。

　なお、多くの市町村が発行するり災証明書が証明することがらは、住家の損壊の事実のみなので、①住家以外の建物（事業所や物置など）や②建物内の動産（家具や電気製品など）、そして③人の被災の事実については、り災証明書では証明できない可能性があります。但し、市町村によっては、これらの事実もり災証明書で証明してくれることがありますし、事業所用のり災証明書を発行している市町村もあります。

　そこで被災者の方がまずなすべきことは、お住まいの市町村に、り災証明書の申請をしておくことです。

　ただし、り災証明書の発行には時間がかかりますし、上記のとおり、証明対象も限定されています。そこで、被災者であることの身分証明書としてり災証明書の発行をしてくれるかどうか、避難所を含めた生活場所の市町村に問合せてみるとよいでしょう。

(2)　被災証明書

　被災証明書の証明事項は市町村によりさまざまですが、多くの場合、ある人の被災の事実そのものを証明してくれます。事業所の被災の事実を被災証明書で証明してくれる場合もあります。

　なお、被災証明書ではなく、「り災証明届出証明書」などの名称を使用しているところもあります。

　住民票の移転を忘れていたなどの事情により、市町村に、当該地区での居住の事実を認めてもらえないと、り災証明や被災証明書を取得することが困難になることもあります。しかし、そのような場合でも、電気・ガス・水道・電話等の契約上の住所が当該住所地であること、ひいてはその住所地に居住していることを支払明細書等で立証して、被災証明等の発行を得られるよう、交渉してみましょう。

　また、支払明細書等を所持していなくても、電力会社・ガス会社・水道局・電話会社等に依頼して、契約の事実を証明する書面を、避難所あてに送付して

くれるように交渉し、これらの証明書で、被災証明書の発行を申請しましょう。
　なお、避難所にいる間の、郵便物の受け取りは、郵便局に、転送届を出して、避難先に転送してくれるように依頼しましょう。届出から1年間は転送が可能です。

(3) り災証明書がなくても受けられる支援

　平成23年4月26日付の政府原子力災害現地対策本部ニュースレター第4号によれば、原発の避難指示により避難したため、り災証明書を取得することができない方について、以下のように、被災証明書を発行し、各種の支援措置を受けられるようにすることが発表されています。

　ア　市町村により既に被災証明書が発行されているか、市町村が被災証明書を発行することが可能とされた区域

すでに被災証明書が発行されている区域	①避難指示が出ている区域
	②屋内避難指示が出ていた区域に住居を有し、当該区域に居住することができない場合
	③屋内避難指示が出ていた区域に住居を有し、市町村の判断で避難をしていた場合
市町村が被災証明書を発行することができる区域	①計画的避難区域
	②緊急時避難準備区域

　イ　これらの区域の方が受けられる支援措置

	支援措置の内容	連絡先
1	公営住宅への一時入居の申請	被災者向け公営住宅等入居センター 0120-297-722
2	①(独) 日本学生支援機構による奨学金の申請 ②各大学の授業料の減免申請	文部科学省 03-5253-4111

3	中小企業セーフティネット貸付・セーフティネット保証	（貸付） 商工中金 　平日　　0120-079-366 　土日祝　0120-542-711 日本公庫 　平日　　0120-154-505 　土日祝 　　中小企業 　　　　　0120-327-790 　　個人 　　　　　0120-220-353 （保証）福島県信用保証協会 　　　　024-526-1530
4	医療機関での窓口負担の免除 （避難指示・屋内退避指示区域）	厚生労働省保険局総務課 03-3595-2550
5	国民健康保険料の免除申請 （避難指示・屋内退避指示区域）	日本年金機構被災者専用フリーダイヤル 0120-707-118
6	介護サービス利用料利用者負担免除申請	厚生労働省老健局介護保険計画課 03-3595-2890
7	生活福祉資金貸付（緊急小口資金貸付）	全国社会福祉協議会 03-3581-7851
8	雇用保険失業給付の特例申請	福島労働局被災者ホットライン 0120-536-088
9	未払賃金立替払 ＊原発事故による避難・屋内退避指示により退職を余儀なくされたことの認定が必要ですが、認定についてはハローワークに相談してください。	福島労働局被災者ホットライン 0120-536-088

（小林　由佳）

Q10 健康保険証がないと診察を受けられないか

震災で健康保険証を紛失しました。病院で、保険証なしの診察はしないとか、治療費は自己負担といわれました。支払うほかありませんか。

A 健康保険証なしでも保険診療が受けられますし、被災者であることを申し出れば、病院や薬局の窓口で支払う市町村国民健康保険・後期高齢者医療制度の一部負担金等の支払いも不要です。

1　健康保険証なしの診療

　平成23年4月15日付厚生労働省保険局医療課の「事務連絡」（本書付属CD-ROM参照）には、被災により健康保険証を提示できなくても、窓口で氏名、生年月日、住所（国民健康保険・後期高齢者医療制度の場合）、事業所名（被用者保険の場合）を口頭で確認するだけで、保険により診療を行うことができる旨、明記されています。

2　窓口負担（一部負担金）の免除措置

　一部負担金等についても、平成23年5月18日付の厚生労働省保険局国民健康保険課ほかの「東日本大震災による被災者に係る医療保険の一部負担金等（窓口負担）の免除に関するQ&Aについて」（本書付属CD-ROM参照）によれば、以下のとおり、免除措置が定められています。
【医療機関の窓口で医療費を支払う必要のないケース】
(1)　**対象者の要件**
　平成23年3月11日に表1に住所を有していた方で、表2の要件を満たす方

【表1】

県名	市町村名
岩手県	全市町村
宮城県	全市町村
福島県	全市町村
青森県	八戸市、三沢市、三戸郡階上町、上北郡おいらせ町
茨城県	水戸市、日立市、土浦市、石岡市、龍ヶ崎市、下妻市、常総市、常陸太田市、高萩市、北茨城市、笠間市、取手市、牛久市、つくば市、ひたちなか市、鹿嶋市、潮来市、常陸大宮市、那珂市、筑西市、稲敷市、かすみがうら市、桜川市、神栖市、行方市、鉾田市、つくばみらい市、小美玉市、古河市、結城市、東茨城郡茨城町・大洗町・城里町、那珂郡東海村、久慈郡大子町、稲敷郡阿見町・美浦村・河内町、北相馬郡利根町
栃木県	宇都宮市、小山市、真岡市、大田原市、矢坂市、那須塩原市、さくら市、那須烏山市、足利市、芳賀郡益子町・茂木町・市貝町・芳賀町、塩谷郡高根沢町、那須郡那須町・那珂川町
千葉県	千葉市、旭市、習志野市、我孫子市、浦安市、香取市、山武市、銚子市、市川市、船橋市、松戸市、成田市、佐倉市、東金市、八千代市、印西市、富里市、山武郡九十九里町、印旛郡酒々井町・栄町、香取郡多古町・東庄町、山武郡横芝光町
新潟県	十日町市、上越市、中魚沼郡津南町
長野県	下水内郡栄村

【表2】

①	住家の全半壊、全半焼またはこれに準ずる被災をした方	
②	主たる生計維持者が	死亡または重篤な傷病を負った方
③		行方不明の方（行方が明らかになるまで）
④		業務を廃止・休止した方
⑤		失職し、現在収入がない方
⑥	原子力発電所の事故による政府の避難指示・屋内退避指示、計画的避難区域および緊急時避難準備区域に関する指示の対象の方（または対象となっていた方）	
⑦	被災者生活再建支援法に規定する長期避難世帯など、①ないし⑥に準ずるもとのしして保険者が認めた方	

(2) 支払免除期間：平成 23 年 3 月 11 日から平成 24 年 2 月 29 日まで
　＊上記(1)⑥の避難指示等の対象となった方は、指示があった日からとなります。また、屋内退避指示等が解除された場合は、別途定められる日までが免除の対象となります。
(3) 支払免除の手続き
　ア　平成 23 年 6 月 30 日までは、医療機関の窓口において口頭で被災した旨を申し出ることで、一部負担金の支払いなしに受診が可能です。
　イ　平成 23 年 7 月 1 日以降は、原則として、加入する医療保険の保険者が発行する免除証明書の提出が必要です。免除証明書は加入する健康保険組合または協会けんぽの各都道府県支部に、一部負担金等免除申請書を提出する必要があります。その際、原則として以下の書類の添付が必要ですが、これらの書類が入手できなくても申し立てにより認定を受けられる場合があるので、あきらめず交渉するようにしましょう。
　　① 住家の全半壊、全半焼またはこれに準ずる被災をした方
　　　　り災証明書・被災証明書
　　② 主たる生計維持者が死亡しまたは重篤な傷病を負った方
　　　　り災証明書・被災証明書・死亡診断書・医師の診断書等
　　③ 主たる生計維持者が行方不明の方
　　　　警察に提出した行方不明の届け出の写しなど
　　④ 主たる生計維持者が業務を廃止・休止した方の場合
　　　　税務署に提出する廃業届、異動届けの控えなど
　　⑤ 主たる生計維持者が失職し、現在収入がない方の場合
　　　　雇用保険の受給資格者証、事業主等による証明書
　　⑥ 原子力発電所の事故による政府の避難指示・屋内退避指示の対象の方
　　　　住民票の写しなど、避難指示等の対象地域に住所を有していたことが確認できるもの

3　医療機関への説明

　医療機関が医療行為を拒否したり、支払いを求めたりしたときは、厚生労働省の事務連絡を知らない可能性があるので、自分は被災者であって医療行為を受けることができて、一部負担金の支払いもする必要がないことを説明しましょう。

(小林　由佳)

Q11 震災被害に対する公的援助

震災で家族が亡くなり、私も怪我をし、障害が残りそうです。家も津波で流され家財もなくなりました。何か援助を受けられますか。

A 震災によりご家族に死亡した方がいる場合、災害弔慰金が支払われます。震災による負傷、疾病で精神または身体に著しい障害が残った場合や洋服、寝具、学用品などの生活必需品や学用品が必要な場合についても、公的支援を受けられます。

1　災害障害見舞金制度

　災害弔慰金の支給等に関する法律に基づき、災害障害見舞金が以下のとおり、支払われます。避難所を含む現在の居住地の市町村に問い合わせてください。

支給対象者	①両眼が失明した人
	②咀嚼および言語の機能を廃した人
	③神経系統の機能または精神に著しい障害を残し、常に介護を要する人
	④胸腹部臓器の機能に著しい障害を残し、常に介護を要する人
	⑤両上肢をひじ関節以上で失った人
	⑥両上肢の用を全廃した人
	⑦両下肢を膝関節以上で失った人
	⑧両下肢の用を全廃した人
	⑨精神または身体の障害が重複する場合における当該重複する障害の程度が①から⑧の各項目と同程度以上と認められる人

第2節　生活援助に関する問題

支給内容	生計維持者が重度の障害を受けた場合 ：上限250万円を支給
	その他の者が重度の障害を受けた場合 ：上限125万円を支給

2　災害救助法による生活必需品・学用品の支援

(1)　生活必需品の支援

　災害救助法による救助の程度、方法、期間並びに実費弁償について、以下のように定められています（平成12年3月31日付厚生省告示第144号）。

　ア　支給対象

　　所有・賃借を問わず、人が住居として使用している建物（住家）の全壊、全焼、流失、半壊、半焼または床上浸水（土砂の堆積等により一時的に居住することができない状態となったものを含む）、船舶の遭難等により、生活上必要な衣類等、寝具その他日用品等をなくしたり、またはあっても使うことができなくなって、直ちに日常生活を営むことが困難な方

　イ　支給内容

　　衣類・下着等、寝具、身の回り品、炊事用具、食器、光熱材料

　ウ　支給限度額

　　①　住家の全壊、全焼、流失の場合

季別	1人世帯	2人世帯	3人世帯	4人世帯	5人世帯	世帯人数6人以上で1人増加ごとの加算額
夏季	17300円	22300円	32800円	39300円	49800円	7300円
冬季	28600円	37000円	51600円	60400円	75900円	10400円

＊夏季とは、4月から9月までをいいます

　　②　住家の半壊、半焼または床上浸水により被害を受けた場合

季別	1人世帯	2人世帯	3人世帯	4人世帯	5人世帯	世帯人数6人以上で1人増加ごとの加算額
夏季	5600円	7600円	11400円	13800円	17500円	2400円
冬季	9100円	12000円	16900円	20000円	25400円	3300円

＊夏季とは、4月から9月までをいいます

(2) 学用品の供与

　住家の全壊、全焼、流失、半壊、半焼または床上浸水により学用品を喪失・損傷した小学校、中学校、高等学校、中等教育学校の後期課程、特別支援学校の高等部、高等専門学校、専修学校、および各種学校の生徒には、教科書、文房具、通学用品が現物支給されます。避難所を含む現在の居住地の市町村に問い合わせください。

（小林　由佳）

Q12　各種援助制度を受けるまでの当座の生活資金

各種援助制度があるのはわかりましたが、援助が出るまで、当座の生活資金に困っています。どうしたらよいでしょう。

A　災害援護資金の貸し付け、生活福祉資金制度による貸し付けなどの制度が利用できます。ただし、制度上、利息の支払いや保証人が必要です。生活福祉資金制度には、無利子で10万円を貸し付ける、緊急小口資金融資制度もあります。

1　災害援護資金の貸付制度（災害弔慰金の支給等に関する法律）

(1) 制度を利用できる方

　ア　いずれかの被害を受けた世帯の世帯主（下記イの所得制限があります）。

　　①　世帯主が災害により負傷し、その療養に必要な期間が概ね1カ月以上
　　②　家財の3分の1以上の損害
　　③　住居の半壊または全壊・流出

　　＊被害の認定については、調査が行われることとなっていますが、後記(2)イの東日本大震災の被災者の特例により、調査の省略がありえます。
　　＊②の「家財の損害」については、平成23年5月25日付の厚生労働省社

会・援護局総務課長の「東日本大震災に係る災害援護資金貸付の取扱いについて」（本書付属 CD-ROM 参照）によれば、自家用車の損害も含まれます。
　イ　所得制限

世帯人数	市町村民税における前年の総所得金額
1人	220万円
2人	430万円
3人	620万円
4人	730万円
5人以上	1人増えるごとに730万円に30万円を加えた額。但し、住居が滅失した場合は、1270万円

(2) **貸付内容**
　ア　貸付限度額
　　① 世帯主に1カ月以上の負傷がある場合

A	当該負傷のみ	150万円
B	家財の3分の1以上の損害	250万円
C	住居の半壊	270万円
D	住居の全壊	350万円

　　② 世帯主に1カ月以上の負傷がない場合

A	家財の3分の1以上の損害	150万円
B	住居の半壊	170万円
C	住居の半壊（Dを除く）	250万円
D	住居の全体の流失または滅失	350万円

　イ　東日本大震災の被災者に関する特例措置
　　東日本大震災に対処するための特別の財政援助および助成に関する法律（平成23年法律第40号）」および「東日本大震災に対処するための特別の財政援助および助成に関する法律の厚生労働省関係規定の施行等に関する政令（政令131号）」（以下「特別令」といいます。）が、5月2日に公布され、同日から施行されました。これにより、東日本大震災の被害者につ

いて、以下の特例措置が定められました。

［特例措置］

特例措置の対象者	東日本大震災により著しい被害を受けた者であることの証明を市町村長等から受けた者
被害認定の省略要件（①又は②）	①借入申込書にり災証明書、被災証明書の写しが添付されていること
	②市町村の被災台帳等を確認することで被害認定ができること
貸付を受けられる期間	平成23年3月11日から平成30年3月11日まで
据置期間	6年以内（特別の場合8年以内）
償還期間	13年以内（据置期間を含む）
利子	年利1.5% （政令の定めるところにより保証人を立てた場合は0%）
支払猶予事由	災害、盗難、疾病、負傷その他やむを得ない事由により災害援護資金の貸付を受けた者が、支払期日に償還金を支払うことが著しく困難になったと認められるとき
償還免除事由	①貸付を受けた者が死亡したとき、または精神若しくは身体に著しい障害を受けたため災害援護資金を償還することができなくなったとき
	②無資力またはこれに近い状態にあるため災害弔慰金令第11条1項の規定により支払いの猶予を受けた者が、同項の支払期日から10年を経過した後において、なお無資力またはこれに近い状態にあり、かつ、当該償還金を支払うことができることとなる見込みがない場合

ウ　保証人を立てる場合の注意点

　　保証人は貸付を受けた方と連帯して債務を負担し、かつ、貸し付けを受けた方が支払期日に償還金を支払わなかった場合等には、年10.75％の違約金の支払義務を負いますので、注意が必要です（特別令第14条、災害弔慰金の支給等に関する法律施行令第10条）。

　＊その他の特例措置の詳細な注意点については、平成23年5月2日付の厚生労働省社会・援護局長の「東日本大震災に対処するための特別の財

政援助および助成に関する法律等の施行に伴う災害援護資金貸付の特例措置について」（本書付属 CD-ROM 参照）を参照してください。
(3) 　問合せ先　避難所を含む現在の居住地の市町村

2　生活福祉資金の貸付制度

(1) 　制度を利用できる方
　ア　低所得者世帯：必要な資金を他から借り受けることが困難な世帯（市町村民税非課税程度）
　イ　障害者世帯：身体障害者手帳、療育手帳、精神障害者保健福祉手帳の交付を受けた者等の属する世帯
　ウ　高齢者世帯：65 歳以上の高齢者の属する世帯
(2) 　一般的貸付内容
　ア　総合支援基金
　　① 　生活支援費：生活再建までの間に必要な費用（2 人以上世帯は月 20 万円以内、単身者は月 15 万円以内まで）
　　② 　住宅入居費：敷金、礼金等住宅の賃貸契約を結ぶために必要な費用（40 万円以内）
　　③ 　一時生活再建費：生活を再建するために一時的に必要かつ日常生活費で賄うことが困難である費用（60 万円以内）
　イ　福祉資金
　　① 　福祉費：生業を営むために必要な経費等（上限 580 万円で、資金の用途に応じた制限あり）
　　② 　緊急小口資金：緊急かつ一時的に生計の維持が困難となった場合に貸し付ける少額の費用（10 万円以内）
　ウ　教育支援資金
　　① 　教育支援費：低所得世帯に属する者が高等学校、大学または高等専門学校に修学するために必要な経費（学校別に上限あり）
　　② 　就学支度費：低所得世帯に属する者が高等学校、大学または高等専門学校への入学に際し必要な経費（50 万円以内）
　エ　不動産担保型生活資金
　　① 　不動産担保型貸付資金：低所得の高齢者世帯に対し、一定の居住用不動産を担保として生活資金を貸し付ける資金（土地の評価額の 70％程

度。月30万円以内）
② 要保護世帯向け不動産担保型生活資金
：要保護の高齢者世帯に対し、一定の居住用不動産を担保として生活資金を貸し付ける資金（土地および建物の評価額の70％程度（集合住宅の場合は50％）・生活扶助額の1.5倍以内）

(3) **東日本大震災の被災者向けの貸付内容**

平成23年5月2日付厚生労働省社会・援護局長の「生活福祉資金貸付（福祉資金［福祉費］）の特例について」（本書付属CD-ROM参照）より、東日本大震災の被災者の方向けに、生活福祉資金貸付の特例措置が講じられたことが発表されています。

ア　貸付資金
① 一時生活支援費：生活の復興の際に必要となる当面の生活費
② 生活再建費：住居の移転費、家具什器の購入に必要な費用
③ 住宅補修費：住宅補修等に必要な費用

イ　貸付金額の限度等の目安

資金目的	貸付上限額	据置期間	償還期間
一時生活支援費	（2人以上世帯） 　月20万円以内 （単身世帯） 　月15万円以内 貸付期間：6カ月以内（＊）	最終貸付日から2年以内	据置期間経過後20年以内
生活再建費	80万円以内	貸付日（一時生活支援費とあわせて貸し付けている場合は、一時生活支援費の最終貸付日）から2年以内	
住宅補修費	250万円以内		

＊一時生活支援費の貸し付けは、申込時にり災証明書または被災証明書の提出がない場合、貸付期間が3カ月に短縮されますので、注意してください。
＊災害弔慰金法に基づく災害援護資金の貸付を受けている、または受けようとする世帯は、原則として住宅補修費の貸付対象ではありませんが、災害援護資金貸付で賄えない費用がある場合や、災害援護資金貸付が行われるまでの間に早急に貸し付けを受けなければならないなどの事情がある場合は、必要

な限度で住宅補修費の貸付を行って差し支えないとされていますから、貸付を受ける必要があると考える場合、直ちにあきらめずに、交渉しましょう。
＊避難所を含む現在の居住地の市町村に問い合わせてください。

3　緊急小口資金貸付制度

(1) 制度を利用できる方
　市町民税が課税されていない低所得世帯、障害者、要介護高齢者のいる世帯
(2) 貸付要件
　① 医療費または介護費の支払いにより、臨時の生活費が必要な場合
　② 給料の盗難または紛失により臨時の生活費が必要な場合
　③ 年金、保険、公的給付の支給開始までの臨時の生活費が必要な場合
　④ 火災等の被災によって臨時の生活費が必要な場合
(3) 返済条件
　① 据置期間：2カ月以内
　② 償還期間：据置期間経過後8カ月以内
　③ 貸付利子：無利子
(4) 問合せ先　避難所を含む現在の居住地の各都道府県・政令指定都市の社会福祉協議会

（小林　由佳）

Q13　夫を亡くした妻が子どもを育てるために利用できる制度

震災で夫を失い、一人で子どもたちを育てなければなりません。私の父は年金受給者です。生活の立て直しのために、なにか利用できる制度はありませんか。

A ①母子寡婦福祉貸付金制度、②年金受給権を担保とする厚生年金担保、労災年金担保貸付等の制度が利用できます。ただし、利息の支払いや、保証人が必要な場合があります。

1 母子寡婦福祉貸付金

(1) 制度を利用できる方

母子福祉資金	母子家庭の母、母子福祉団体、父母のいない児童（20歳未満）
寡婦福祉資金	寡婦（かつて母子家庭の母であった方）、40歳以上の配偶者のいない女子であって、母子家庭の母および寡婦以外の方

(2) 貸付内容の例

①事業開始資金	事業を開始するのに必要な資金
②事業継続資金	現在営んでいる事業を継続するのに必要な資金
③技能修得資金	事業を開始し、または就職するために必要な知識技能を習得するために必要な資金
④就職支度資金	就職するために、直接必要な被服、靴などの身の回り品を整えるための資金
⑤住宅資金	自己所有の住宅の建設、購入および現に居住する住宅の増改築資金・補修または保全に必要な資金
⑥転宅資金	住居を転居するために必要な資金
⑦医療介護資金	医療・介護を受けるのに必要な資金
⑧生活資金	技能習得資金または医療介護資金の貸付を受けている期間中の生活を維持するために必要な資金）
⑨結婚資金	子供の婚姻に際し必要な資金）
⑩修学資金	子どもが高校等に就学する際に必要な授業料等の毎月の費用
⑪就学支度資金	子どもが高校等に入学、もしくは就業施設に入所する際に必要な入学金等の一時的費用
⑫修業資金	子供が事業開始、就職するために必要な知識技能を習得する費用

(3) 問合せ先　避難所を含む現在の居住地の市町村

2　厚生年金担保、労災年金担保貸付

(1)　制度を利用できる方

次の証書を持ち、現在、年金の支払いを受けている方。

①厚生年金保険年金証書（厚生年金基金および企業年金連合会から支払われるものは対象となりません。）

②国民年金・厚生年金保険年金証書

③船員保険年金証書（厚生年金保険とみなされ融資の対象となります。ただし、平成22年1月1日以降の事故による船員保険の障害・遺族年金は対象になりません。）

④国民年金証書（無拠出制の老齢福祉年金および国民年金基金は対象となりません。）

⑤労働者災害補償保険年金証書

＊ただし、次の場合は制度を利用することができません。

①生活保護受給中である場合

②融資金の使途が投機性の高い場合（ギャンブル等）もしくは不倫関係の維持など公序良俗に反する場合、または禁止薬物の購入など借入申込者ご本人の利益に明らかに反する場合

③年金の支給が全額停止されている場合

④同一の年金で借入金残高がある場合

⑤現況届または定期報告書が未提出、または提出遅延の場合

⑥特別支給の老齢厚生年金を受給していた方で65歳時の裁定手続き期間中の場合

⑦その他、独立行政法人福祉医療機構の定めによるもの

(2)　貸付内容

①融資上限額：250万円

②返済方法：支給される年金のうち、借入申込者本人が指定した額（定額。1万円単位）を返済に充てる。

③担保：年金を受ける権利（受給権）を担保とする。

④融資利率：年金担保貸付：1.6％。労災年金担保貸付：0.9％
　＊利率は変動しますので、申込時に確認してください。

⑤連帯保証人：連帯保証人（審査基準あり）が必要。ただし、信用保証機関に保証料を支払うことにより、信用保証を利用することができます（利用要件あり）。

(3) **問合せ先** 独立行政法人福祉医療機構

(4) **その他の制度**

　株式会社日本政策金融公庫が、恩給・共済年金担保融資制度による融資を行っています（上限250万円以内。ただし、恩給や共済年金などの年額の3年分以内）。

（小林　由佳）

Q14　県外の避難所での介護サービスの受給

寝たきりの母と県外の避難所で避難生活を送っています。被保険者証を紛失したのですが、母の介護サービスは続けて受けられますか。また、サービスの利用料金の支払いはしなくてはならないのでしょうか。

A お母様の介護サービスは、これまでと変わらず受けられますし、場合によって利用料金の支払の猶予・免除を受けられます。

1　介護サービスの受給

　平成23年4月1日付厚生労働省老健局総務課ほかの「被災された高齢者の避難所等における介護サービスの確保について」（本書付属CD-ROM参照）によれば、県外の避難所や避難先の住宅・ホテル・旅館で、住民票の移動を伴わなくても、自宅に居たのと同様にホームヘルパーの派遣を受けられますし、デイサービスの利用も可能です。また、被保険者証を紛失していても、氏名・住所・生年月日を介護事業者に伝えれば、介護サービスの利用は可能です。ただし、平成23年5月16日付の厚生労働省老健局介護保険計画課ほかによる「東日本大震災による被災者に係る被保険者証の提示等および地方自治体にお

ける第5期介護保険事業（支援）計画および老人福祉計画の弾力的な策定について」によれば（本書付属CD-ROM参照）、平成23年7月1日からは、原則として被保険者証の提示が必要ですので、市町村に被保険者証の再交付申請をするようにしてください。

2　介護サービス料金の支払猶予・免除

(1)　対象者の要件：以下のア、イのいずれにも該当すること

　ア　災害救助法の適用市町村・被災者生活再建支援法の適用市町村のうち、以下の市町村に住所を有する介護保険法の被保険者であること

県名	市町村名
岩手県	全市町村
宮城県	全市町村
福島県	全市町村
青森県	八戸市、三沢市、上北郡おいらせ町、三戸郡階上町
茨城県	水戸市、日立市、土浦市、古河市、石岡市、結城市、龍ヶ崎市、下妻市、常総市、常陸太田市、高萩市、北茨城市、笠間市、取手市、牛久市、つくば市、ひたちなか市、鹿嶋市、潮来市、常陸大宮市、かすみがうら市、桜川市、神栖市、行方市、鉾田市、つくばみらい市、小美玉市、東茨城郡茨城町・大洗町・城里町、那珂郡東海村、久慈郡大子町、稲敷郡阿見町・美浦村・河内町、北相馬郡利根町
栃木県	宇都宮市、足利氏、小山市、真岡市、大田原市、矢坂市、那須塩原市、さくら市、那須烏山市、芳賀郡益子町・茂木町・市貝町・芳賀町、塩谷郡高根沢町、那須郡那須町・那珂川町
千葉県	千葉市、銚子市、市川市、船橋市、松戸市、成田市、佐倉市、東金市、旭市、習志野市、八千代市、我孫子市、浦安市、印西市、富里市、香取市、山武市、印旛郡酒々井町・栄町、香取郡多古町・東庄町、山武郡九十九里町・横芝光町
新潟県	十日町市、上越市、中魚沼郡津南町
長野県	下水内郡栄村

　イ　東日本大震災により以下のいずれかの申し立てをしたこと

　　①　当該被保険者またはその属する世帯の生計を主として維持する者（以下「生計維持者」といいます。）が、住宅・家財その他の財産について

著しい損害を受けたこと
② 生計維持者が死亡・重大障害・長期入院をし、収入が減少したこと
③ 生計維持者が行方不明であること（行方が明らかになるまでの間に限る）
④ 被保険者または生計維持者が、業務を廃止し、または休止したこと
⑤ 被保険者または生計維持者が、失職し、現在収入がないこと
⑥ 原子力災害対策特別措置法15条3項による、避難のための立退きまたは屋内への退避にかかる内閣総理大臣の指示の対象地域であるため避難または退避を行っていること
⑦ 原子力災害対策特別措置法20条3項による計画的避難区域および緊急時避難準備区域の設定にかかる原子力災害対策本部長の指示の対象となっていること

(2) **支払猶予措置について**

平成23年3月17日、22日、23日、24日、4月22日付の厚生労働省介護保険計画課ほかの事務連絡、平成23年5月16日付の厚生労働省老健局介護保険計画課長の「東日本大震災により被災した介護保険の被保険者に対する利用料の免除等の運用について」、同日付厚労省老健局介護保険計画課ほかの「東日本大震災による被災者に係る利用料等の取扱いについて」（本書付属CD-ROM参照）によれば、介護サービス利用料金について、支払猶予をすることができる旨通知されています。この猶予措置は、原則として平成23年6月末までとされています。

(3) **支払免除措置について**

平成23年5月16日付の厚生労働省老健局介護保険計画課長の「東日本大震災により被災した介護保険の被保険者に対する利用料の免除等の運用について」において、各市町村が、以下のとおり、介護サービス料金の利用免除をすることができる旨、通知されています。

ア 利用料免除の適用期間：平成23年3月11日から平成24年2月29日まで（＊）

＊上記(1) イ⑥、⑦の方については指示があった日から、別途定める日までの間となります。

イ 利用料免除の申請

申請には、各市町村所定の利用料免除申請書を提出することが必要で

す。り災証明書・被災証明書等の添付を求められる場合もありますので、事前に各市町村に問い合わせてください。
　ウ　介護サービス利用の際の必要書類
　　市町村発行の利用料免除証明書と被保険者証の提示が必要です。
　　ただし、平成23年6月末までは利用料免除証明書がなくても利用料の支払い猶予を受けられますが、それ以降に利用料の免除等の措置を受けるには、基本的に利用料免除証明書と被保険者証が必要になります。
(4)　問合せ先　避難先の市区町村や地域包括支援センター

（小林　由佳）

Q15　義援金等を受領すると生活保護は受けられないか

原 発事故による避難命令で自宅に住めなくなり、自家用車で県外に避難してきました。各種の貸付制度の利用も難しく、現に生活に困っています。自己所有の家や車があっても生活保護は受けられますか。義援金や東京電力からの仮払金などを受け取ると、その分、保護費が低額になるのでしょうか。

A 自動車や家を所有していても、生活保護を受給することは可能ですが、事後的に保護費の返還を求められる可能性があります。また、義援金等（義援金、災害弔慰金、補償金、見舞金等）を受け取っても、自立更生に必要な金額については収入認定しないよう、厚生労働省が通知しています。この通知によれば、義援金や仮払金を受領しても、保護費には影響しないことになりますが、これを超える金額を受けていれば、保護費の算定に際して考慮されます。

1　生活保護制度

　生活保護は、厚生労働大臣が定める基準で計算される最低生活費と収入を比較して、収入が最低生活費に満たない場合に、最低生活費から収入を差し引いた差額が保護費として支給される制度です。

2　家と自動車の自己所有と生活保護

　生活保護の申請者が本来の居住地に家を所有していても、原発事故によって家に戻れない以上、「処分することができないか、著しく困難なもの」であり、生活保護受給の妨げにはなりません。さらに、自動車がないと行方不明の家族の捜索等に差し支える場合は、自動車も「処分することができないか、著しく困難なもの」ですから、生活保護受給の妨げにはなりません。

　ただし、これらの資産も、事後に処分可能になったと判断された際には、費用返還義務（生活保護法63条）が発生する可能性があります。

3　義援金等の受領と生活保護費

　生活保護受給に際しては、保護費の算定のため、受給者に収入があるかの申告、調査がなされます。調査の結果、収入ありと認定された場合には、収入額が保護費から差し引かれます。

　しかし、厚生労働省社会・援護局保護課長による、平成23年5月2日付の「東日本大震災による被災者の生活保護の取り扱いについて（その3）」（本書付属 CD-ROM 参照）が、義援金、災害補償金、災害弔慰金、補償金、見舞金等を受領した場合の生活保護の取り扱いについて、以下のように定めています。

(1)　義援金や仮払金については、「災害等によって損害を受けたことにより臨時的に受ける補償金、保険金または見舞金のうち当該被保護世帯の自立更生のために当てられる」額については、収入認定しないとされています（厚生労働省事務次官通知第8－3(3)オ参照）
(2)　上記の、「当該被保護世帯の自立更生のために当てられる額」については、自立更生計画を策定することで（厚生労働省事務次官通知第8の2の（5）参照）、申し出ることとされています。具体的な自立更生計画の策定

方法と注意点については、上記の「東日本大震災による被災者の生活保護の取り扱いについて（その３）」に自立更生計画書の書式がついていますので、これを読み、よくわからないときは、弁護士等に相談しましょう。

4　生活保護の実施機関

　震災により本来の居住地を一時的に離れて遠方に避難している場合、避難先の保護実施機関が生活保護の実施責任を負います。それにもかかわらず、福祉事務所が本来の居住地で申請をするようにといったような回答をしたとすれば、それは明らかな間違いです。困ったときには、弁護士等に相談しましょう。

（小林　由佳）

第3節　避難所生活における問題

Q16　避難所における心のケア

> 避難所生活が続き精神的に参っています。余震の不安で夜も眠れません。どこか相談するところはありますか。

> A　さまざまな相談窓口がありますので、相談してみてはいかがでしょうか。

　避難所生活でのストレス等は避難所生活者の誰もがもつものです。1人で抱え込まずに、まずは避難先での顔なじみの方や話せる相手を見つけて相談してみましょう。避難所に社会福祉士等の専門家がいる場合には、専門家に相談しましょう。

1　こころの健康相談統一ダイヤル（内閣府）

0570 - 064 - 556（相談対応曜日・時間は道府県によって異なります。）

この番号に電話をすると、電話をかけた所在地の都道府県・政令指定都市が実施している「心の健康電話相談」等の公的な相談機関に接続します。

平成23年4月現在、21道府県・政令指定都市（北海道、岩手県、宮城県、福島県、茨城県、石川県、栃木県、福井県、山梨県、長野県、静岡県、愛知県、京都府、和歌山県、広島県、徳島県、福岡県、佐賀県、鹿児島県、沖縄県、札幌市）に共通の電話番号を設定しています。

2　心の相談緊急電話

日本精神衛生学会、日本臨床心理士会、東京臨床心理士会、日本電話相談学会が、相談を受け付けています。

0120 - 111 - 916（フリーダイヤル）　毎日午後7時～午後9時

フリーダイヤルですので、電話料金はかかりません。相談に応じるのは、臨床心理士・保健師・精神保健福祉士・精神科医師など心の専門家です。

3　いのちの電話震災ダイヤル

一般社団法人日本いのちの電話連盟が、受け付けています。被災地にお住まいの皆さまのこころのケアを目的としたホットラインです。

0120 - 556 - 189（こころ　いちばん　やさしく）

発信地域限定：岩手県：宮城県：福島県：茨城県のみ受付（固定電話、公衆電話、携帯電話通話可能）

開設日時：3月28日（月）～4月9日　毎日午前8時～午後10時

4　こころの無料電話相談

社団法人日本産業カウンセラー協会が、主催しています。全国の避難施設に移っている被災者の方々とそのご家族、関係者のための無料電話相談です。

0120 - 216 - 633　毎日午後1時～午後8時（4月1日（金）から6カ月間の予定）

5　東北地方太平洋沖地震メンタルヘルス情報サイト

独立行政法人国立精神・神経医療研究センターホームページにある情報サイト。災害時のこころのケア等に関する情報が掲載されています。

(全　東周)

Q17　避難所での女性の性被害・ドメスティックバイオレンス

> 避難所で夫から暴力を受けています。周りの人は見て見ぬふりをして誰も助けてくれません。このまま我慢するしかないのでしょうか。

> **A** ドメスティックバイオレンスや性被害などの「女性に対する暴力」については、相談窓口があります。いずれも匿名で相談できます。

　相談窓口は、下記に示したとおりです。しかし、生命や身体に対する侵害が差し迫っている、あるいは現実に被害を受けているというように、緊急性が高い場合には、避難所を出て、すぐに最寄りの警察署や配偶者暴力相談支援センター（都道府県に必ず設置されている公的なシェルター。内閣府や各都道府県のホームページに電話番号が掲載されています。所在地はドメスティックバイオレンス被害者保護のため、公表されていません）に連絡したうえで対処すべきです。

相談先	連絡先	相談日
内閣府「DV相談ナビ」	0570-0-55210	電話料金がかかります。音声に従って、あなたの所在地の郵便番号の上3桁を入力すると、相談窓口の電話番号を教えてくれます。
東京三弁護士会犯罪被害者相談	03-3581-6666	月曜日～土曜日　午前11時～午後4時
法テラス犯罪被害者相談	0570-079-714	月曜日～金曜日　午前9時～午後9時 土曜日　午前9時～午後5時

警視庁犯罪被害者ホットライン	岩手県 0120-797-874 宮城県 022-221-7198 福島県 0120-503-732 茨城県 029-301-0278	各都道府県別に設置。相談日時は概ね、平日午前9時〜午後5時
警察庁性犯罪被害者相談電話	0120-001-797	女性警察官が対応します。 毎日　午前9時〜午後5時
日本労働弁護団 セクハラ被害ホットライン	03-3251-5363	女性弁護士が対応します。 毎月第2水曜日　午後3時〜午後5時
公益法人被害者支援都民センター	03-5287-3336	月・木・金曜日　午前9時半〜午後5時半、 火・水曜日　午前9時半〜午後7時

（全　東周）

Q18　避難所でもらったものに対する対価支払いの要否

震災以降、避難所で食事や飲料水のほか、日常の生活品についても提供してもらっています。あとでこれらの費用を支払う必要はありますか。

A　費用を支払う必要はありません。

　避難所での食事・飲料水その他の日用品の提供は災害救助法23条1項2号3号に基づくものです。災害救助法では、避難所の設置や食事の提供の他、被服、寝具その他の生活必需品の給与または貸与、学用品の給与、埋葬というような支援が定められています。
　現物給付が原則ですが、知事が必要に応じて、金銭を支給して給付することができます（災害救助法23条2項）。
　上記支援に要する費用は、救助の行われた地の都道府県が負担する旨が規定されています（災害救助法33条1項）。
　したがって、被災者の方が避難所において毎日提供してもらった食事や飲料水、日常の生活用品に関する費用を負担することはありません。

(全 東周)

Q19 子どもに対する援助

震災で、着の身着のままで避難所に来ています。家も津波で流され、職も失いました。今後子どもの学校にかかる諸費用が心配です。子どもに対する援助制度にはどのようなものがありますか。

A 一定の条件を満たした児童・生徒等には、教科書、文房具、通学用品が現物支給されます。また、一定の条件を満たせば、下記に定めた援助制度を利用することもできます。

援助制度の概要は、下記のとおりです。

1 災害救助法による教科書等の無償給付

災害により学用品を失った児童・生徒に対して、教科書や教材、文房具、通学用品を支給する制度です。

対象となるのは、住家の全壊、全焼、流失、半壊、半焼または床上浸水により学用品を喪失・損傷した小学校、中学校、高等学校、中等教育学校の後期課程、特別支援学校の高等部、高等専門学校、専修学校、及び各種学校の生徒です。現在おられる地域の都道府県・市町村に問い合わせてください。

2 小・中学生の就学援助措置

災害による経済的な理由によって就学が困難な児童・生徒の保護者を対象に、学用品費、通学費、学校給食費等を援助する制度です。一定の要件を満たせば、利用することが出来ます（問い合わせ先は、各都道府県・市町村・学校）。

3　高等学校授業料減免措置

　災害による経済的な理由によって授業料等の納付が困難な生徒を対象に、授業料、受講料、入学料及び入学者選抜手数料等の徴収を猶予又は減額、免除する制度です。一定の要件を満たせば、利用することが出来ます（問い合わせ先は、各都道府県・市町村・学校）。

4　奨学金制度の緊急採用

　災害により家計が急変し緊急に奨学金の貸付が必要となった生徒・学生に対して、奨学金の貸出（無利子）を緊急に行う制度です。高等学校、大学、短期大学、大学院、高等専門学校、専修学校の生徒・学生が対象範囲となります。一定の要件を満たせば、利用することができます（問い合わせ先は、各学校等）。

5　児童扶養手当等の特別措置

　被災者に対する児童扶養手当、特別児童扶養手当、特別障害者手当、障害児福祉手当について、所得制限の特例措置を講じる制度です。障害者・児のいる世帯、児童扶養手当受給者世帯が対象となります（問い合わせ先は、各市町村）。

（全　東周）

Q20　配慮が必要な方々に関する相談

> 私は目が不自由なため、避難所での生活に困っています。チラシが配られても、点字が付いていないため読めません。一番困っているのはトイレです。何とかならないでしょうか。

A 下記のとおり、配慮が必要な方々に対する電話相談窓口がありますので、避難所の担当者やまわりの方に連絡をお願いして、相談しましょう。

【相談窓口】

1　目の不自由な方（東北関東大震災視覚障害者支援対策本部）

　本部：電　話　090－1704－0874（終日）
　　　　ＦＡＸ　03－5291－7886

2　耳の不自由な方（東日本大震災聴覚障害者救援中央本部）

　本部：電　話　03－3268－8847（9：00～18：00）
　　　　ＦＡＸ　03－3267－3445

3　発達障害のある方（発達障害者支援センター）

　岩手県：電　話　019－601－2115（月～金9：00～17：00）
　宮城県：電　話　022－376－5306（月～土9：00～16：30）
　仙台市：電　話　022－375－0110（月～金8：30～17：00）
　福島県：電　話　024－951－0352（月～金8：30～17：00）
　茨城県：電　話　029－219－1222（月～金9：00～17：00）

（全　東周）

第4節　その他の生活上の問題

Q21　避難中の公共料金の支払い

避難していて自宅に戻ることができないのですが、公共料金の支払は続けなければならないでしょうか。

A 避難している場合でも、基本料金は発生していることになりますが、料金の軽減・免除の措置が実施されている場合があります。詳細については、各自治体および事業者に確認する必要があります。

　電気、ガス、水道、電話などの公共料金は、各家庭ごと、あるいは各人ごとに供給主体（自治体で場合もあれば、民間事業者である場合もあります。）との間で利用契約を締結し、多くのケースでは基本料金に加えて利用（使用）量に応じた料金を課金されています。

　避難していて自宅に戻ることができない場合は、利用（使用）量がゼロになっていますので、基本料金のみが発生していることになりますが、この基本料金をどうするかについては、事業を実施している自治体や民間事業者によって対応が異なります。詳細については、各自治体および事業者に確認する必要があります。

（山口　智寛）

Q22 自宅付近のがれきの除去は自己責任か

自宅付近のがれきは自分で撤去しなければならないのでしょうか。津波で自宅から流されてしまった自動車が見つかった場合、私の手元に戻ってきますか。

A がれきの撤去は自治体が行っており、自分で撤去しなければならないということはありません。流された自動車が他所で発見された場合、それが使用可能な状態であり、かつ、返還先が判明している場合には、返還されます。使用不可能な状態であるときには、処分されます。

1　がれきの撤去義務

　地震及び津波で発生した瓦礫については、災害救助法23条1項10号及び災害救助法施行令8条2号に基づき、自治体がその責任で撤去作業を進めています。被災した方々に撤去義務があるものではありません。

2　各自治体が撤去作業を行う際の指針

　自治体による瓦礫の撤去作業においては、使用可能な有価値物が発見された場合には、可能なかぎり権利者に返還するような運用が取られています。
　この点につき、政府は、「東北地方太平洋沖地震における損壊家屋等の撤去に関する指針」（本書付属CD-ROM参照）により、各自治体が撤去作業を行う際の指針を次のように設けています。

(1)　作業のための私有地立入り

　作業を行うための私有地への一時的な立入りについては、その所有者等に連絡し、またはその承諾を得なくても差し支えない。ただし、可能な限り所有者等の承諾を得、あるいは作業に立ち会っていただくことが望ましいことから、作業の対象地域・日程等の計画を事前に周知することが望ましい。

(2) 損壊家屋等の撤去
　① 建物
　　ア　倒壊してがれき状態になっているものについては、所有者等に連絡し、またはその承諾を得ることなく撤去して差し支えない。
　　イ　本来の敷地から流出した建物についても、同様とする。
　　ウ　敷地内にある建物については、一定の原形をとどめている場合には、所有者等の意向を確認するのが基本であるが、所有者等に連絡が取れない場合や、倒壊等の危険がある場合には、土地家屋調査士等の専門家に判断を求め、建物の価値がないと認められたものについては、解体・撤去して差し支えない。その場合には、現状を写真等で記録しておくことが望ましい。
　　エ　建物内の動産の扱いについては、後記(4)による。
　② 自動車
　　ア　外形上から判断して、その効用をなさない状態にあると認められるものは撤去し、仮置場等に移動させて差し支えない。その上で、所有者等が判明する場合には、所有者等に連絡するよう努め、所有者等が引渡しを求める場合は、引き渡す。それ以外の場合は、自動車リサイクル法に従って使用済自動車として処理を行う。
　　イ　上記以外の自動車については、仮置場等に移動させた後、所有者等に連絡するよう努め、所有者等が引渡しを求める場合は、引き渡す。それ以外の場合の扱いについては、追って指針を示す。
　　ウ　上記いずれの場合においても、移動および処理を行う前に写真等で記録しておくことが望ましい。
　　エ　原動機付自転車についても、自動車に準じて処理する。
　　オ　自動車内の動産の扱いは後記④による。
　③ 船舶
　　ア　外形上から判断して、その効用をなさない状態にあると認められるものは撤去し、仮置場等に移動させて差し支えない。その上で、所有者等が判明する場合には、所有者等に連絡するよう努め、所有者等が引渡しを求める場合は、引き渡す。それ以外の場合は、廃棄する。
　　イ　上記以外の船舶については、仮置場等に移動させた後、所有者等に連絡するよう努め、所有者等が引渡しを求める場合は、引き渡す。それ以

外の場合の扱いについては、追って指針を示す。
　　ウ　移動が困難な船舶については、個別に所有者等と協議して対応する。
　　エ　上記いずれの場合においても、移動および処理を行う前に、写真等で記録しておくことが望ましい。
　　オ　船舶内の動産の扱いは後記④による。
　④　動産（自動車および船舶を除く）
　　ア　貴金属その他の有価物および金庫等については、一時保管し、所有者等が判明する場合には所有者等に連絡するよう努め、所有者等が引渡しを求める場合は、引き渡す。引き渡すべき所有者等が明らかでない場合には、遺失物法により処理する。
　　イ　位牌、アルバム等、所有者等の個人にとって価値があると認められるものについては、作業の過程において発見され、容易に回収することができる場合は、一律に廃棄せず、別途保管し、所有者等に引き渡す機会を設けることが望ましい。
　　ウ　上記以外の物については、撤去し、廃棄して差し支えない。

　なお、政府は、「東北地方太平洋沖地震により被災した自動車の処理について」（本書附属 CD-ROM 参照）により、外形上から判断してその効用をなさない状態にあると認められる自動車（冠水歴または大規模な破損が認められるなど、外形上から判断して自走不可能と考えられる自動車）の処理手順について、さらに次のような詳細なマニュアルを設けています。

第1ステップ：自治体が集めて保管
　(1)　被災自動車の処分には、原則として、所有者等の意思確認が必要。
　(2)　このため、こうした被災自動車は、所有者等による保管が可能な場合を除き、ひとまず自治体が集めて保管（移動・保管の際には所有者等の意思確認は不要。なお、他者の民有地に流されてきた被災車両については、当該民有地の所有者の理解が得られれば、支障の無い範囲で一定期間その場での保管をお願いすることも想定される）。
　(3)　被災自動車の運搬・保管にあたっては、安全性確保の観点から、以下の点に注意を要する。
　　①　廃油、廃液が漏出している等、生活環境保全上の支障が生ずるおそれのある自動車については、廃油・廃液の抜き取り等を行う。

② 電気自動車やハイブリッド自動車等、高電圧の蓄電池が搭載されている車両については、運搬に際しても、作業員に絶縁防具や保護具（マスク、保護メガネ、絶縁手袋等）の着用、高電圧配線の遮断に注意する。
③ 保管にあたっては、崩落防止の観点から、廃棄物処理法に基づく保管基準（本書附属CD-ROM参照）を参考とし、また、段積みして保管する場合や、海水に冠水した状態の自動車を取り扱う場合は、バッテリーのショート、発火を避ける観点から、マイナス側のターミナルを外し、外したターミナルがバッテリーと接触しないよう配慮する。
④ 後日、所有者等から問い合わせがあった場合に備えて、移動を行う前に車両の状態を写真に残すなどしてリスト化しておくことが望ましい。

第2ステップ：所有者等を捜す努力

(1) 自治体が、保管の対象となる車両ナンバーをリスト化し、可能な範囲で所有者等を捜す努力を行う。以下の車種ごとの問い合わせ先に問い合わせることにより、車両ナンバーから所有者を割り出すことが可能である。

（車種）
① 登録自動車：国土交通省（本省自動車情報課03－5253－8588または運輸支局）
② 軽自動車：軽自動車検査協会（東京主管事務所03－3472－1561または各地の事務所）

(2) 被災による損壊等により車両ナンバーが外れている場合には、ダッシュボード等に車検証が残っていないかを確認し、又は、車台番号を確認の上運輸支局等に問い合わせることで、所有者の割り出しが可能。

第3ステップ：使用済自動車を引取業者に引き渡す

(1) 自治体が、保管された自動車の所有者等と連絡を取るよう努め、処分を委ねるか自ら引き取るかについて所有者等の意思を確認する。
(2) 自動車リサイクル法に基づき、所有者が被災自動車を引取業者（多くの自動車販売会社や整備業者、解体業者が兼務している）に引き渡すことが原則であるが、処理の迅速化のため、被災自動車を保管した自治体が、所有者等の意思を確認して処分を委ねられた場合は、当該自動車（使用済自動車）を引取業者に引き渡す事務を代行することも可能。
(3) この場合、自動車重量税や自賠責保険料の還付が生ずる場合もあるため、当該自動車の処分及び処分後の登録の抹消を承諾する文書、また、引

取業者との間で交わされる各種書類については、原則として所有者に記入してもらう。

(4) 所有者等と連絡が取れない場合は、自治体が使用済自動車となった被災自動車を引取業者に引き渡す。

(5) 被災による損壊が著しく車両ナンバーや車台番号が判明しないこと等により、当該被災車両の所有者等が確知されない場合についても、自治体が使用済自動車となった被災自動車を引取業者に引き渡す。

(6) 自治体が使用済自動車となった被災自動車を引取業者に引き渡す場合は、後日、所有者等から問い合わせがあった場合に備えて、引き渡しを行う前に車両の状態を写真に残すなどしてリスト化しておくことが望ましい。

※ 自治体が引取業者への引き渡しを代行する際、資源価値として収入が生ずる可能性も否定できないため、所有者等に対し、上記収入に係る権利放棄の意思確認を実施することをお奨めする。所有者等と連絡が取れない場合および所有者等が確知できない場合に行う公告においてもその旨を明記することが、後日のトラブルを回避する上で重要である。

第4ステップ：引き渡した自動車に関する情報提供

(1) 事後の抹消登録手続等のため、引取業者に引き渡した使用済自動車に関する情報（車両ナンバー情報）を上記の車種ごとの問い合わせ先に提供する。

(2) 注意点

大部分の車両は、すでにリサイクル料金が預託されているので、通常、引き渡し時に処理料金は不要である。

(3) その他

損傷の程度が小さく、外形上から判断して自走可能と考えられる自動車についても、必要に応じて保管場所へ運搬することは可能である。この場合も、車両ナンバーから所有者を割り出し、所有者等が引き渡しを求める場合は引き渡す。それ以外の場合の扱いについては、追って指針が示される。

なお、自動車内の動産の扱いは、「東北地方太平洋沖地震における損壊家屋等の撤去等に関する指針」2(4)による。

（山口　智寛）

第5章

原発事故に関する問題

Q01 避難指示と自宅への帰宅

福 島原発事故によって、これまで住んでいた地域が避難指示区域に指定され、東京に避難してきましたが、もう戻ることはできないのでしょうか。

A 避難指示が解除されるか、避難指示区域外になれば、住んでいた地域へ戻ることができます。避難指示区域が警戒区域に変わった場合、許可なく立ち入ると処罰されることがあるので注意が必要です。

　出荷制限解除後の損害は、風評被害として、営業利益相当分の損害賠償請求を検討することになります。

1　避難指示

　2011（平成23）年6月6日現在、福島第二原子力発電所から半径8km圏内が避難指示区域に指定されています（原子力災害対策特別措置法15条3項）。したがって、避難指示区域内の住民は、避難区域外に避難しなければなりません。しかし、避難指示が解除されるか、避難指示区域が縮小されて避難指示区域外となった場合、住んでいた地域へ戻ることができます(ただし、避難指示区域から警戒区域に変更されている場合、警戒区域の指定解除が必要です。)。

　当初、福島第二原子力発電所については半径10km圏内が避難指示区域に指定されていましたが、その後、福島第二原子力発電所で重大事故が発生する蓋然性が低下したことから、避難指示区域が半径8km圏内に縮小されました。今後も、原子力発電所の復旧状況や放射能の拡散状況などを踏まえて、避難指示区域の縮小や、避難指示の解除が検討されることになります。

2　警戒区域

　当初、福島第一原子力発電所から半径20km圏内も避難指示区域として設定

されていました。避難指示には罰則がないため、避難指示区域に立ち入ったこと自体を理由に処罰されることはありません。そのため、居住者が残留したり、大変残念なことに窃盗などの犯罪目的で避難指示区域に立ち入るケースが発生しました。

そのため、福島第一原子力発電所から半径20km圏内を避難指示区域から、違反した場合に罰則の定めがある警戒区域に切り替え、緊急事態応急対策従事者以外の立入りを禁止しました。たとえ住民の方であっても、警戒区域への立入制限に違反した場合、10万円以下の罰金又は拘留が科せられる場合があるので注意が必要です（原子力災害対策基本法28条2項、災害対策基本法63条1項）。

ただし、財布や通帳等の持ち出しのための一時帰宅が認められましたが、安全確保の観点から、一世帯あたりの人数や時間に制限が加えられたり、被爆放射線量のチェックなどが行われます。

（浅野　響）

Q02 原発事故による食品の出荷制限

被 災地の生産者を応援したいので、被災地の商品を買おうと思うのですが、私の子どもは6歳なので、放射線被ばくの影響が心配です。食品の出荷制限や出荷制限の解除はどうやって判断されるのですか。

A 出荷制限は、原子力災害対策特別措置法20条3項に基づいて、内閣総理大臣が指示を行っています。その解除は、政府ルールでは、約1週間ごとの検査で3回続けて暫定規制値の基準を下回ることが必要です。

1　食品の出荷制限や摂取制限

　食品の出荷制限や摂取制限は、原子力災害対策特別措置法20条3項による指示として行われているため、法的拘束力があります。一方、行政の長が生産者に出荷をしないよう自粛を要請するのが出荷自粛で、法的拘束力はありません。これらの判断の際に基準となるのが、暫定規制値です。

　厚生労働省は、2011年3月17日に、「厚生労働大臣が定める場合」として「暫定規制値」を各自治体に通知しました。これは、食品衛生法6条2号ただし書きに基づくものです。ここで採用された暫定規制値は、原子力安全委員会により示された「食物摂取制限に関する指標」でした。

　その後、食品安全委員会が食品安全基本法24条3項に基づく食品健康影響評価を行って、暫定規制値について安全性を評価する緊急とりまとめを発表しました。

　厚生労働省の薬事・食品衛生審議会・食品衛生分科会も、上記暫定規制値が妥当であるとの所見を2011年4月4日に出しており、これらに基づいて厚生労働省は、上記暫定規制値により規制をするという取り扱いを同日付で発表しました。魚介類についても、翌5日に追加規制するという取扱いを発表しました。

2　適切な情報開示の必要性

　食品は、直接人体に吸収されます。生命に影響を直接及ぼすため、食の安全はとても大事な問題です。日本弁護士連合会でも、2009年の人権大会基調報告において、消費者には安全な食品の供給を受ける権利が認められるということを確認しています。

　この食の安全について規制する法律は、主に食品安全基本法と、食品衛生法ですが、食品安全基本法には消費者の食の安全の権利が明文で規定されていない等、不十分な点も存在します。

　放射性物質は、年齢や性別により影響が異なるといわれています。また、暫定規制値によって「安全」とされる数値でも、リスクがゼロというわけではありませんから、自分が摂取する食品の「安全」については、正しい情報に基づいた個々の選択と判断が求められるのです。そのため、政府や関係機関による適切な情報開示は欠かせません。現状で、政府発表の産地表示については、乳

幼児や妊婦、子供のいる家庭に配慮して、もう少し細かい情報提供が望ましいと思われます。

一方で、消費者の側も、放射性物質の種類や性質について知識を深めることで、特定産地の食品が風評被害によって損害を被ることを防ぐ努力が必要です。

（石渡　幸子）

Q03　原発事故による損害賠償の請求先

福島原発の事故で受けた損害は、誰に賠償してもらえますか。

A 東京電力に賠償してもらえます。ただし、東京電力が全額を賠償できないときは、国が必要な援助を行うことになっています。
　出荷制限解除後の損害は、風評被害として、営業利益相当分の損害賠償請求を検討することになります。

1　原発事故に伴う損害賠償責任の負担者

　原子力発電所の事故によって損害が生じた場合について、「原子力損害の賠償に関する法律」（以下「原賠法」といいます。）に損害賠償の定めがあります。

　原賠法によると、原子炉の運転や使用済み燃料の貯蔵によって、放射性物質が漏出して生じた損害について、原子力事業者が損害賠償責任を負うものとされています（同法3条1項本文）。福島第一原子力発電所および福島第二原子力発電所における事故（以下「福島原発事故」といいます。）の場合、東京電力株式会社（以下「東京電力」といいます。）が事故によって生じた損害を賠

償する責任を負うことになります。

　他方、原賠法には、損害が「異常に巨大な天災地変…によって生じた」場合、原子力事業者が損害賠償責任を免責される定めもあります（同法3条1項ただし書）。しかし、政府は、福島原発事故に関して、現在（平成23年4月30日）までのところ、東京電力が免責されることはないとの見解を表明しています。

2　責任集中の原則

　原賠法は、損害賠償責任を負う原子力事業者以外の者は、損害賠償責任を負わないとも定めています（同法4条1項）。これは、被害者が賠償責任の相手方を容易に知ることができ、賠償を確保することができるようにするとともに、関連事業者が安定的に資材を原子力事業者に供給することを可能にして、原子力事業の健全な発展に資するよう配慮したもので、「責任集中の原則」といいます。

　たとえば、福島第一原子力発電所の建設には、アメリカ合衆国のゼネラル・エレクトリック（GE）社のほか、株式会社東芝、株式会社日立製作所や鹿島建設株式会社も関わっていますが、東京電力が損害賠償責任を負う以上、これらの会社が損害賠償責任を負うことはありません。

3　損害賠償のスキーム

　原賠法は、賠償責任を迅速かつ確実に果たすようにするため、原子力事業者に対して、原子力損害賠償責任保険への加入等の損害賠償措置を講じることを義務づけており（同法6条）、賠償措置額は、一事業所あたり1200億円とされています（同法7条1項）。ところが、福島原発事故による損害額は、数兆円にも及ぶと指摘されており、賠償措置額ではとうてい賄いきれないことが確実です。賠償措置額を超える損害額については、東京電力が賠償しなければなりませんが、現状ではすべてを賠償することはできないとみられています。

　このような場合に備えて、原賠法では、国が国会の議決に基づき、原子力事業者が損害を賠償するために必要な援助を行うこととされています（同法16条1項・2項）。

　なお、政府は、東京電力が損害賠償を完全に行うとともに、安定的な電力供給を確保するため、原子力事業者が共同で新機構を創設し、新機構が東京電力

に対して損害賠償の援助を行うこととし、最終的には国が資金援助することもできる支援策を検討しています（2011（平成23）年4月23日付け日本経済新聞）。

（昼間　由真）

Q04 相当因果関係に基づく損害の賠償

福島原発の事故で損害を受けました。どのような損害を賠償してもらえるのですか。

A 事故と相当因果関係のある損害が賠償されます。

1　相当因果関係のある損害

　東日本大震災に伴って起きた福島第一原子力発電所の事故では、水素爆発等が起こり、大量かつ高濃度の放射性物質が大気中、海中や地中へ漏出して、住民への避難指示や農水産物に対する出荷制限などの措置がとられました。また、製品輸出に際し、放射線を測定するなどの特別の負担をしなければならない企業も生じました。このような原発事故によって生じた損害のうち、社会通念上、事故から一般に生ずるであろうと認められる関係があるもの（これを「相当因果関係のある損害」といいます。）については、「原子力損害の賠償に関する法律」（以下「原賠法」といいます。）により、東京電力株式会社（以下「東京電力」といいます。）が賠償することになります。

2　賠償請求ができる損害

　具体的には、次のような損害について、賠償が行われると考えられます。
(1)　生命・身体的損害（死亡、体のけがや病気に関する損害）

(2) 財産的損害（家財、商品、建物・什器備品等の廃棄などによる損害）
(3) 避難費用（避難指示に従った緊急の避難に要した費用）
(4) 健診・検査費用（放射線の影響等を検査するために要した費用）
(5) 休業損害（休業したことで収入が減少することによる損害）
(6) 営業損害（事業遂行が不能になったことによる損害）
(7) 精神的損害（避難した人が被った精神的苦痛による損害）
(8) 風評被害（放射能の影響が及んでいない農産物や海産物が買い控えられて売上げが減少することなどによる損害）

3　原子力損害賠償紛争審査会

　原子力発電所の事故による損害といえるか否かについては、原子力事業者（東京電力）と被害者との間で話合いがなされる場合は、両者の話合いで決定されます（東京電力は、2011（平成23）年4月28日から、損害の賠償に関する専用の相談窓口として、「福島原子力補償相談室」を開設しました。コールセンター電話番号　0120－926－404）。

　話合いで解決が図られない場合は、原子力損害賠償紛争審査会に対して、和解の仲介を申し出ることができます。原子力損害賠償紛争審査会は、損害賠償の紛争に関する和解の仲介を行ったり、「相当因果関係のある損害」にどのようなものが含まれるかについての一般的な指針の策定に関する事務を行ったりします（原賠法18条2項）が、それらには強制力がありませんので、最終的には、裁判によって確定されることになります。

《第一次指針》

　原子力損害賠償紛争審査会は、2011（平成23年）4月28日、上記の一般的な指針の策定として、「東京電力㈱福島第一、第二原子力発電所事故による原子力損害の範囲の判定等に関する第一次指針」（以下「第一次指針」といいます。）を公表しました。

　第一次指針は、原子力損害に該当する蓋然性の高いものから順次指針として提示するという方針の下、政府による指示に基づく行動等によって生じた一定の範囲の損害として、次のものについてのみ、基本的な考え方を明らかにしています。

(1) **政府による避難等の指示に係る損害**

① 「避難費用」（避難のために負担した宿泊費、交通費、家財道具の移動費用など）
② 「営業損害」（避難指示等により、営業が不能になるなどの支障が生じたために現実に生じた減収分や商品等の廃棄費用などのほか、事業拠点の移転費用など）
③ 「就労不能等に伴う損害」（避難等を余儀なくされたことに伴い、就労できなくなったために生じた給与等の減収）
④ 「財産価値の喪失または減少等」（避難等を余儀なくされたことに伴い、管理が不能となったために、財物の価値が喪失または減少した場合の喪失または減少部分や廃棄費用など）
⑤ 「検査費用（人）」（避難または屋内待避した人が、放射性物質への曝露の有無等を確認する目的で受けた検査についての検査費用・交通費等）
⑥ 「検査費用（物）」（物の性質等から、検査を実施して安全を確認することが必要な場合や取引先の要求によって検査の実施を余儀なくされた場合の検査費用）
⑦ 「生命・身体的損害」（福島原発事故により、避難等を余儀なくされたため、けがを負ったり病気になったり、死亡したことによる逸失利益、治療費、薬代、精神的損害等）
⑧ 「精神的損害」（福島原発事故により、避難等を余儀なくされたことに伴い、正常な日常生活の維持・継続が長期間にわたって著しく阻害されたために生じた精神的苦痛に対する慰謝料）

(2) **政府による航行危険区域設定に係る損害**
① 「営業損害」（航行危険区域の設定により、漁業者が操業の断念を余儀なくされたために現実に生じた減収分や、海運業や旅客船業者が迂回航行により増加した費用・減収分）
② 「就労不能等に伴う損害」（漁業者や海運業者等の経営状態が悪化したため、勤務していた人が就労できなくなった場合の給与等の減収分）

(3) **政府による出荷制限指示等に係る損害**
① 「営業損害」（出荷制限指示等により、農林漁業者や流通業者が、出荷または操業の断念を余儀なくされたために生じた減収分や商品の廃棄費用など）
② 「就労不能等に伴う損害」（農林漁業者等の経営状態が悪化したため、勤

務していた人が就労できなくなった場合の給与等の減収分)

《第二次指針》
　その後、原子力損害賠償紛争審査会は、2011（平成23）年5月31日、「東京電力㈱福島第一、第二原子力発電所事故による原子力損害の範囲の判定等に関する第二次指針」を公表しました。
　第二次指針は、第一次指針の対象とされなかった損害項目やその範囲などを追加したほか、精神的損害の損害額の算定方法について、避難先に応じて金額の差を設ける方法を示唆するなどして、基本的な考え方を明らかにしています。
(1)　政府による避難等の指示に係る損害
　①　「一時立入費用」（避難した人が一時立入りに参加するために自己負担した交通費、家財道具移動費用や除染費用など）
　②　「帰宅費用」（屋内待避区域の指定が解除されたことにより、その区域外に避難していた人が、その区域内にある住居に戻るために負担した交通費や家財道具の移動費用など）
　③　「精神的損害」（屋内待避を余儀なくされた人が、行動の自由を制限され、正常な日常生活の維持・継続が長期間にわたって著しく阻害されたために生じた精神的苦痛に対する慰謝料）
(2)　政府等による出荷制限指示等に係る損害
　①　出荷制限指示等の解除の見通しが立たないため、対象品目の作付けを断念したことによる農林業者の減収分
　②　農林業者の経営状態が悪化したため、勤務していた人が就労できなくなった場合の給与等の減収分
　③　出荷制限指示等の解除後における作付け断念による減収分や作付け再開のための再整備費用など
(3)　政府等による作付け制限指示等に係る損害
　①　農業者が作付制限指示等の対象品目の作付けなどの断念による減収分
　②　農業者の経営状態が悪化したため、勤務していた人が就労できなくなった場合の給与等の減収分
(4)　いわゆる風評被害
　①　一般的基準

「風評被害」を、報道等により広く知らされた事実によって、商品またはサービスに関する放射性物質による汚染の危険性を懸念し、消費者または取引先が当該商品またはサービスの買い控え、取引停止等を行ったために生じた被害とする

② 農林漁業の風評被害

　農林漁業の出荷制限指示等が出されたことがある区域において産出された農林産物、畜産物および水産物について、現実に生じた買い控えによる被害や、買い控えを懸念して事前に出荷、操業または作付けを断念したことによって生じた被害

③ 観光業の風評被害

　福島原発事故後、福島県内に営業拠点を有する観光業に生じた解約・予約控え等による減収分や廃棄費用など

これ以外についても、賠償の対象から外されるわけではなく、今後も検討が続けられることになっています。

(昼間　由真)

Q05 震災による風評損害

福島原発の事故で、隣の市のホウレンソウが出荷制限となり、私の地域のホウレンソウが取引先に引き取りを拒否されたので、廃棄処分にしました。出荷制限は解除されましたが、今も売上は極端に減少したままです。この損害は東京電力に請求できますか。

> **A** 本件は、原発事故に伴う損害と考えられるため、廃棄処分した全額の損害賠償および以後の減収分の損害賠償請求について検討する余地があります。出荷制限解除後の損害は、風評被害として、営業利益相当分の損害賠償請求を検討することになります。

1　風評被害（風評損害）

　風評被害とは、事件や事故が発生した際に、根拠のない噂や不適切な報道などがされた影響で、無関係な人々や企業、商品などが損害を受ける等の被害をいいます。事件や事故の発生に際して、一般消費者の心理が介在することで損害が発生しているという点が、通常の被害とは異なります。

　例えば、今回の福島における原子力発電事故により、福島・茨城ないし千葉における一部食品の出荷制限がニュースで伝えられると、同地域のそれ以外の食品も売れなくなるのが典型例です。

　これは、ある品目が出荷制限を受けることで、その対象品目の生産・販売に関係する個人や企業が被る損害とは区別して考えられます。

2　風評損害に対する損害賠償請求

　風評被害にあった個人または企業が、経済的損害の回復を求める場合には、風評被害の原因を作り出した特定個人または団体もしくは報道機関・行政等に対して、損害賠償請求訴訟を提起することになります。賠償の対象となる損害かどうかは、風評被害により生じたか否かの因果関係が問題になります。

　なお、今回の原発事故で、放射能と因果関係が認められる風評被害については、原子力損害賠償法による賠償請求によっても救済される余地があります。

3　風評被害が問題となった事例

(1)　肯定例

　①臨界事故による納豆製品の売上減少についての損害賠償請求事件（東京地判平18・4・19判時1960号64頁につき裁判所は、風評被害について、「一般に、事故直後にもっとも強く事故の影響を受け、その後、正確な情報が伝えられるのに伴って、徐々に終息していくものと考えられる」と判断して、安全宣

言発表後の5カ月分の営業利益の減少について、「本件誤接続がなければ、本件ダイオキシン事故の報道を原因とする観光地引き網の予約キャンセル等は生じず、これらを原因とする原告らの営業損害も生じなかった」として、風評被害の賠償を認容するとともに、慰謝料も認めました。

②廃棄物焼却炉の排ガス洗浄施設の配水管からのダイオキシン類の排出による魚介類の汚染による風評被害についての損害賠償請求事件（横浜地判平18・7・27判時1976号85頁）につき、「原告が当該品物の転売先を探す努力をした形跡は全くない等、原告主張の損害には本件事故との相当因果関係を認めることはできない」として、風評被害の賠償を認容しています。

(2) 否定例

原子力関連施設における臨海地域による水産物の風評被害についての損害賠償請求事件（水戸地判平15・6・24判時1830号30頁）では、風評被害を認めませんでした。

(3) 分析

これまでの裁判事例では、風評被害が認められた事案でも、風評被害に基づく損害と認定された期間や損害額は、請求額と比べて十分なものとはいえないのが実情です。これは、認定の際に、風評被害をおこす消費者の心理状態を個別的主観的なものとして判断し、その影響力について踏み込んだ判断を避けているためと考えられるので、今後の訴訟実務においては、この点を乗り越える工夫が必要と思われます。

（石渡　幸子）

Q06 農作物の出荷制限による損害

厚生労働省の定めた指標値を超えた農作物を出荷することはできないのですか。出荷できなくなったことによって被った損害について、国や東京電力に賠償を請求できますか

> **A** 厚生労働省が定めた指標値を超える放射線が検出された食品を出荷することはできません。農作物の出荷制限による損害は、原子力損害であり、東京電力株式会社に対し、原子力損害賠償法による損害賠償請求をすることができます。

1 食品衛生法による通知による出荷制限

　厚生労働省医薬食品局食品安全部長は、平成23年3月17日に「放射能汚染された食品の取り扱いについて」（食安発0317第3号）において、本項末尾に記載した別表（飲食物制限に関する指標）記載の指標値（ベクレル）を上回る食品につき、食用につながることがないよう十分処置されたい旨、通知しました。
　これは、福島第一原子力発電所から放出された放射性物質が農作物に混入したため、別表記載の指標値を上回る食品を、食品衛生法第6条第2号の「有毒な、若しくは有害な物質が含まれ、若しくは付着し、又はこれらの疑いがあるもの」に指定したものです。その結果、厚生労働省の定めた指標値を超えた農作物を出荷することはできなくなりました。
　同条の違反行為には、3年以下の懲役または300万円以下の罰金が規定されています。

2 出荷制限による損害賠償請求

(1) 損害賠償の責任負担者

　原子力損害賠償法（以下、「原賠法」といいます。）は、原子力事業者たる東京電力株式会社に対し、無過失・無限の賠償責任を課すとともに、その責任の主体を原子力事業者としています（原賠法3条第1項本文）。
　この点、本件の農作物の出荷制限による損害は、福島第一原子力発電所から飛散した放射能が農作物に混入したことによる措置であることが明らかですので、原子力損害であり、被害者は、東京電力株式会社に対し、原賠法に基づき、損害賠償請求をすることができます。
　もっとも、原賠法は、原子力事業者に対して原子力損害賠償責任保険への加入等の損害賠償措置を講じることを義務付けていますが（同法6条）、その賠

償措置額を1200億円としています(同法7条1項)。

この点、東日本大震災の被害はすでに数兆円にのぼるとも報道されており、1200億円を超える可能性が高いといえますが、国は、この賠償措置額を超える原子力損害が発生した場合、原子力事業者に必要な援助を行うことが可能であり、被害者救済に遺漏がないよう、措置することとされています(同法16条1項、2項)。

(2) 異常に巨大な天変地変

原賠法3条1項但書には「異常に巨大な天災地変」の場合によって生じた損害」の場合は賠償責任がないと規定されています。今回の地震による津波被害が、この条項に該当するかは、まだ明らかではありません。

もっとも、この規定により東京電力が免責される場合も、国は被災者の救助および被害の拡大防止のため必要な措置を講じることとされていますから(同法17条)、経済的補助も、これに基づき行われる可能性があります。

飲食物摂取制限に関する指標

核 種	原子力施設等の防災対策に係る指針における摂取制限に関する指標値(Bq/kg)	
放射性ヨウ素 (混合核種の代表核種:^{131}I)	飲料水	300
	牛乳・乳製品 (注)	
	野菜類 (根菜、芋類を除く。)	2,000
放射性セシウム	飲料水	200
	牛乳・乳製品	
	野菜類	500
	穀類	
	肉・卵・魚・その他	
ウラン	乳幼児用食品	20
	飲料水	
	牛乳・乳製品	
	野菜類	100
	穀類	
	肉・卵・魚・その他	

プルトニウム及び超ウラン元素のアルファ核種 (^{238}Pu、^{239}Pu、^{240}Pu、^{242}Pu、^{241}Am、^{242}Cm、^{243}Cm、^{244}Cm 放射能濃度の合計)	乳幼児用食品	1
	飲料水	
	穀物	
	牛乳・乳製品	10
	野菜類	
	肉・卵・魚・その他	

注）100 Bq/kg を超えるものは、乳児用調製粉乳及び直接飲用に供する乳に使用しないよう指導すること。

（小石川　哲）

Q07 原子力損害に関連する売上げ減少や取引停止、健康被害

原子力損害に関連する商品の売り上げ減少や取引停止、健康被害などについて、損害賠償は認められるでしょうか。

A 原子力関連施設の臨界事故の裁判では、商品や身体等に物理的な侵害がなくても、顧客や取引先等の心理的社会的評価によって被った損害につき、損害賠償の対象となりうることを認めています。

1　損害賠償を認めた裁判例

【事案】
　軽水炉用低濃縮ウランの再転換工場において、臨界事故が発生し、茨城県産の納豆製品について全国的に売上が減少したため、納豆の製造業者である原告が、仮払金のほかに損害賠償請求を行い、いっぽう事業者は反訴を提起して仮払金の返還請求をした事案（東京地判平18・4・19判時1960号64頁）。

【内容】

判決は、「本件臨海事故後、原告の納豆製品を含む茨城県産の加工品について安全性が確認され、その旨のＰＲ活動がなされていたとしても、消費者ないし消費者の動向を反映した販売店において、事故現場から10キロメートル圏内の屋内退避要請地域にある本社工場を『生産者』と表示した原告の納豆製品の危険性を懸念して、これを敬遠し、取り扱いを避けようとする心理は、一般に是認できるものであり、それによる原告の納豆製品の売上減少等は、本件臨海事故との相当因果関係が認められる限度で本件臨海事故による損害として認めることができる」として、茨城県産の納豆の売上減少と臨界事故との因果関係を一部認定した。営業上の逸失利益の算定事例としても参考になる。

2　損害賠償を認めなかった裁判例

【事案①】

敦賀湾で原子力発電所の放射能漏れ事故が発生し、魚介類の汚染が報道されて魚介類の入荷拒否等が生じたため、金沢港の市場で魚の仲介業を営む原告が電力会社に対して損害賠償請求をおこした事案（名古屋高裁金沢支判平元・5・17判時1322号99頁）。

【内容】

判決では、敦賀湾周辺の魚介類の売上減少による業者の損害について、事故と相当因果関係を認めながら、金沢港の魚介買い控えによる売上減少との相当因果関係は認めなかった。ここでは、魚介の売上減少は消費者心理によるもので、この心理状態は一般に是認できるものではないとしている。

【事案②】

軽水炉用低濃縮ウランの再転換工場において、臨界事故が発生したため、保証仮払金を受領した原告が、その後、本件事故によって茨城県産の製品が敬遠され取引拒絶にあった等として損害賠償請求をしたところ、被告が反訴として本件事故によっては原告（反訴被告）には損害は生じなかったとして、仮払金返還を請求した事案（水戸地判平15・6・24判時1830号103頁）。

【内容】

判決では、加工業者の主張を裏付ける証拠がないことを理由にその請求を棄却して、事業者の反訴請求を認容している。

【事案③】

臨海事故の現場近くで自動車組み立て工場を経営していた者が、事故の後、身体に変調をきたしたとして損害賠償請求をした事案（水戸地判平20・2・27判時2003号67頁）。
【内容】
　判決では、被ばく量が健康被害を生じさせるものではないとして、事故と原告の主張する健康被害との相当因果関係を認めませんでした。

3　まとめ

　震災に関連して生じたと思われる被害について、損害賠償が認められるか否かについては、震災と損害との間の因果関係が認められるか否かの問題です。これについては、上記の裁判例のほか、「原子力損害調査研究会最終報告書」や、2011（平成23）年4月28日付の原子力損害賠償紛争審査会が策定した「東京電力株式会社福島第一、第二原子力発電所事故による原子力損害の範囲の判定等に関する第一次指針」を目安に、個別具体的に検討する必要があるでしょう。

（石渡　幸子）

Q08　原発事故による損害賠償金の仮払い

福島原発の事故で受けた損害について、賠償金の一部を仮払いしてもらえるのでしょうか。仮払い後の賠償はどうなりますか。

A　東京電力は、避難した人に対して、避難による損害について、「仮払補償金」を支払っています。仮払いがなされても、「仮払補償金」だけでは損害全部を賠償するには足りない場合は、東京電力に対して、別途損害賠償請求をすることができます

1 仮払補償金

　福島第一原子力発電所および福島第二原子力発電所における事故（以下「福島原発事故」といいます。）によって生じた損害のうち、社会通念上、事故から一般に生ずるであろうと認められる関係（事故との相当因果関係）が認められるものについては、「原子力損害の賠償に関する法律」（以下「原賠法」といいます。）により、東京電力株式会社（以下「東京電力」といいます。）が賠償することになります。

　しかし、最終的に損害と認められて賠償されるまでには、相当の時間を要するものと考えられます。

　そこで、東京電力は、福島原発事故に伴い、避難または屋内待避を余儀なくされた人（福島第一原子力発電所から半径30キロメートル圏内または福島第二原子力発電所から半径10キロメートル圏内に居住する方）に対して、避難等による損害の一部の支払に充てるとともに、当面の必要な資金を手当てするため、2011（平成23）年4月26日から、「仮払補償金」の支払を開始しています。「仮払補償金」として支払われる金額は、1世帯当たり100万円（単身世帯は75万円）です。

　仮払補償金の申請は、仮払補償金請求書に必要事項を記入のうえ、世帯全員の氏名のわかる住民票の写し等を添えて、東京電力へ送付することによって行います（南相馬市の資料（本書付属CD-ROM資料）参照）。

　東京電力は、2011（平成23）年4月28日から、「仮払補償金」の支払いのみならず、損害賠償に関する専用の相談窓口として、「福島原子力補償相談室」を開設しています（コールセンター電話番号　0120－926－404）。

2 民法に基づく損害賠償請求

　「仮払補償金」の支払いは、あくまで避難による損害の一部の支払いに充てられるものにすぎません。

　したがって、「仮払補償金」の支払いがなされたとしても、「仮払補償金」だけでは損害全部を賠償するには足りない場合は、東京電力に対して、原賠法に基づいて損害賠償請求をすることができます。

（昼間　由真）

[執筆者一覧]

＊各グループリーダーは❖、編集委員は◎で表記。
グループリーダー以外は章ごとに50音順で記載。

第1章　不動産に関する問題

❖小野　智史（おの・ともし）
　高橋裕次郎法律事務所
　〒102-0083 東京都千代田区麹町6−2麹町6丁目ビル5階
　電話：03-3230-1077　FAX：03-3230-1073

◎稲村　晃伸（いなむら・てるのぶ）
　けやき綜合法律事務所
　〒169-0075 東京都新宿区高田馬場2−14−2新陽ビル903
　電話：03-5291-6852　FAX：03-5291-6853

　内海　雄介（うちうみ・ゆうすけ）
　菊地綜合法律事務所
　〒103-0022 東京都中央区日本橋室町2−2−1室町東三井ビルディング18階
　電話：03-5204-6701　FAX：03-5204-6702

◎大山　雄健（おおやま・ゆうけん）
　福家総合法律事務所
　〒104-0061 東京都中央区銀座8−8−17伊勢萬ビル6階
　電話：03-3572-7855　FAX：03-3572-5532

　久保　友子（くぼ・ともこ）
　山下・柘・二村法律事務所
　〒105-0003 東京都港区西新橋1−16−3西新橋ＫＳビル2階3階
　電話：03-3539-4651　FAX：03-3591-3575

◎栗原　渉（くりはら・わたる）
　センチュリー法律事務所
　〒101-0047 東京都千代田区内神田1−8−1三井ビル5階
　電話：03-5280-5033　FAX：03-5280-4500

　髙野　文幸（たかの・ふみゆき）
　高橋裕次郎法律事務所
　〒102-0083 東京都千代田区麹町6−2麹町6丁目ビル5階
　電話：03-3230-1077　FAX：03-3230-1073

　廣畑　牧人（ひろはた・まきと）
　今野・前田・廣畑法律事務所
　〒107-0052 東京都港区赤坂5−4−10赤坂ゆうビル7階
　電話：03-3585-4896　FAX：03-3585-4193

第2章　金融、ローン等支払、保険、税金等に関する問題

執筆者一覧

❖ 岩田　修一（いわた・しゅういち）
　四谷東法律事務所
　〒160-0004 東京都新宿区四谷１－８－３四谷三信ビル５階
　電話：03-5366-1601　FAX：020-4668-4049

　泉原　智史（いずみはら・さとし）
　篠塚・野田法律事務所
　〒101-0051 東京都千代田区神田神保町１－２－５和栗ハトヤビル７階
　電話：03-5283-7307　FAX：03-5283-7308

　鈴木　聡（すずき・さとし）
　安藤総合法律事務所
　〒100-0014 東京都千代田区永田町２－14－３赤坂東急ビル８階
　電話：03-3597-7700　FAX：03-3597-7701

　長竹　信幸（ながたけ・のぶゆき）
　小林・福井法律事務所
　〒160-0023 東京都新宿区西新宿６－12－６コアロード西新宿２階203
　電話：03-3343-6088　FAX03-3343-3395

　西原　正騎（にしはら・まさき）
　小山稔法律事務所
　〒103-0025 東京都中央区日本橋茅場町２－12－３寿ビル３階
　電話：03-3667-8786　FAX：03-3667-2576

　春木　成得（はるき・なるよし）
　春木法律事務所
　〒106-0041 東京都港区麻布台１－11－10日総第22ビル904
　電話：03-6277-7207　FAX：03-6277-7208

　山内　隆（やまうち・たかし）
　セントラル法律事務所
　〒105-0004 東京都港区新橋１－18－２明宏ビル７階
　電話：03-3508-0707　FAX：03-3508-0920

第３章　雇用・企業に関する問題
❖ 青木　耕一（あおき・こういち）
　青木耕一法律事務所
　〒103-0027 東京都中央区日本橋１－14－５白井ビル６階
　電話：03-3270-6390　FAX：03-3270-6391

　遠藤　治（えんどう・おさむ）
　遠藤治法律事務所
　〒160-0004 東京都新宿区四谷１－18王蘭ビル５階
　電話：03-6380-4935　FAX：03-6380-4936

後藤　大（ごとう・だい）
堂野法律事務所
〒104-0061 東京都中央区銀座4－10－16 シグマ銀座ファーストビル2階
電話：03-3542-9031　FAX：03-3542-9030

◎稗田　さやか（ひえだ・さやか）
表参道総合法律事務所
〒107-0062 東京都港区南青山5－5－20 アルファエイト南青山B1
電話：03-6418-1888　FAX：03-6418-1887

鞠子　千春（まりこ・ちはる）
さくら共同法律事務所
〒100-0011 東京都千代田区内幸町1－1－7 NBF日比谷ビル16階
電話：03-5511-4400　FAX：03-5511-4411

矢野　亜紀子（やの・あきこ）
さくら共同法律事務所
〒100-0011 東京都千代田区内幸町1－1－7 NBF日比谷ビル16階
電話：03-5511-4400　FAX：03-5511-4411

吉田　武史（よしだ・たけし）
東京青山・青木・狛法律事務所ベーカー＆マッケンジー外国法事務弁護士事務所（外国法共同事業）
〒100-0014 東京都千代田区永田町2－13－10 プルデンシャルタワー11階
電話：03-5157-2700　FAX：03-5157-2900

米田　龍玄（よねだ・りょうげん）
岡村綜合法律事務所
〒100-0005 東京都千代田区丸の内2－2－2 丸の内三井ビル10階1005
電話：03-3215-3611　FAX：03-3215-3610

第4章　相続、財産管理、生活支援等に関する問題

❖五島　丈裕（ごしま・たけひろ）
本郷綜合法律事務所
〒105-0001 東京都港区虎ノ門1－2－29 虎ノ門産業ビル5階
電話：03-3502-0246　FAX：03-3502-0248

岡村　崇（おかむら・たかし）
中根法律事務所
〒107-0061 東京都港区北青山3－6－19 バイナリー北青山10階
電話：03-5469-3230　FAX：03-5469-3231

◎小林　由佳（こばやし・ゆか）
安藤武久法律事務所
〒105-0003 東京都港区西新橋1－20－3 虎ノ門法曹ビル406
電話：03-3580-6888　FAX：03-3580-6898

全　東周（ちょん・とんじゅ）
弁護士法人多摩パブリック法律事務所
〒190-0012 東京都立川市曙町２－９－１菊屋ビル８Ｆ
電話：042-548-2422　FAX：042-548-2437

深澤　勲（ふかざわ・いさお）
深澤総合法律事務所
〒105-0001 東京都港区虎ノ門１－15－11 第２名和ビル８階
電話：03-5888-5222　FAX：03-5888-5333

山口　智寛（やまぐち・ともひろ）
松田綜合法律事務所
〒104-0031 東京都中央区京橋２－８－７読売中公ビル６階
電話：03-3562-7271　FAX：03-3562-7272

第５章　原発事故に関する問題

❖伊藤　献（いとう・すすむ）
東京ブライト法律事務所
〒104-0032 東京都中央区八丁堀１－５－２はごろもビル４階
電話：03-5566-6371　FAX：03-5566-8210

淺野　響（あさの・ひびき）
青葉総合法律事務所
〒160-0004 東京都新宿区四谷４－３福屋ビル７階
電話：03-3226-0051　FAX：03-3226-0055

石渡　幸子（いしわたり・ゆきこ）
土曜会法律事務所
〒150-0002 東京都渋谷区渋谷３－５－１渋谷グランドハイツ405
電話：03-5467-7511　FAX：03-5467-7512

◎小石川　哲（こいしかわ・さとし）
虎ノ門総合法律事務所
〒105-0001 東京都港区虎ノ門５－13－１虎ノ門40ＭＴビル
電話：03-3431-8793　FAX：03-3431-3273

昼間　由真（ひるま・よしまさ）
さくら共同法律事務所
〒100-0011 東京都千代田区内幸町１－１－７ＮＢＦ日比谷ビル16階
電話：03-5511-4400　FAX：03-5511-4411

あとがき

　このたびの東日本大震災では、たくさんの尊い命が失われ、多数の方々が被災されました。被災された皆様やご家族の悲しみは、筆舌に尽くし難いものと思います。テレビの報道で、涙をこらえながら小さな手を合わせて黙とうしている子どもの姿などをみると、胸が張り裂けそうな気持ちになります。

　被災された皆様、関係者の皆様には、心よりお見舞い申し上げます。

　私たちは、東京弁護士会・法友会東日本大震災復興支援特別委員会において、マニュアル・テキスト作成プロジェクト・チームとして、本書の執筆に携わりました。

　本書は、このたびの震災に関して考えられる法律問題についてQ&A形式でまとめたものであり、法律相談を受ける弁護士、各種士業の方のみならず、一般の方にも理解しやすいように、最初に端的な回答を示す体裁とし、また解説における言葉や表現もできるだけ分かり易いものを用いるように努めております。さらに、関係法令や通達などを掲載したCD-ROMを付けて、法律相談の回答の根拠も確認できるようにしております。

　ただし、今回の震災に関する問題については、通達や立法ないし政策の提言も活発になされているところ、本書は、原則として2011年（平成23年）5月31日の状況を基準としておりますが、その後の事情の変化により、本書とは回答が異なる内容になる可能性があります。また、震災から日が経つにつれて、法律的に問題とされる事項が変わってゆく可能性もあります。

　このような事情があることもお含み頂いた上で、このたびの震災に関する法律問題に関する一つの参照文献として、本書をご利用頂けると幸甚です。

　最後になりましたが、本書出版にあたっては、大変なご尽力を頂いた三和書籍社長高橋考氏ならびに同社編集部部長渡邊豊氏に深謝致します。

　私たちは、今後も、被災地の1日も早い復興を目指して、少しでもお力になれるように力を尽くしてゆく所存です。

　被災された皆様の悲しみや苦しみが1日も早く癒えますよう、また、原発の問題が収束して1日も早く復興しますよう、心よりお祈り致します。

　なお、本書の印税は、義援金として寄附させて頂きます。

2011年6月

東京弁護士会法友会東日本大震災復興支援特別委員会
同マニュアル・テキスト作成プロジェクト・チーム座長
　　　　　　　　　　　　　　　弁護士　五島　丈裕

【編者】

東京弁護士会 法友会
東日本大震災復興支援特別委員会

　法友会は、会員数約2500名で構成する東京弁護士会の最大会派であり、司法に関する政策的課題を検討し、また、弁護士業務改革等についても積極的な取り組みを続けている政策団体である。

　1946年の創立以来、日本弁護士連合会や東京弁護士会の各会長をはじめ要職に人材を送り出すなどして、弁護士会の政策決定に重要な役割を果たしている。

　法友会東日本大震災復興支援特別委員会は、東日本大震災の被災者に対する支援に積極的に取り組むべく、法友会において設置された委員会である。

　当委員会は、人的支援による組織的かつ効果的な復興支援を行うべく、日本弁護士連合会や東京三会復旧・復興本部、災害対策委員会等を通じて、被災地への弁護士派遣・後方支援を目指し、研修、マニュアル作成、法律相談、行政・立法提言に係る各プロジェクトチームをつくり、積極的な活動をしている。

「3・11」震災法務 Q&A

2011年6月17日　第1版第1刷発行

編　者	東京弁護士会法友会 東日本大震災復興支援特別委員会 ©2011 Tokyo Bar Association Hoyukai
発行者	高　橋　　考
発　行	三　和　書　籍

〒112-0013　東京都文京区音羽2-2-2
電話 03-5395-4630　FAX 03-5395-4632
sanwa@sanwa-co.com
http://www.sanwa-co.com/
印刷／製本　モリモト印刷株式会社

乱丁、落丁本はお取替えいたします。定価はカバーに表示しています。
本書の一部または全部を無断で複写、複製転載することを禁じます。

ISBN978-4-86251-102-7 C2032

> 　このたびの東日本大震災の被災者の皆さまに心から
> お見舞い申し上げます。
> 　復旧が一日も早く実現し、安らぎのなかで皆さまの
> 暮らしが回復することを祈りつつ、本書売上げの一部
> を被災者の皆さまへの義援金として寄付させていただ
> きます。
>
> 　　　　　　　　　　　　　三和書籍社長　高橋　考